こころの絆

わたしの介護体験記

聖教新聞 文化部［編］

潮出版社

はじめに

聖教新聞《せいきょうしんぶん》に「介護《かいご》」のページが誕生《たんじょう》して、はや一〇年《ねん》。読者《どくしゃ》に支《ささ》えられて、ここまで発展《はってん》できたことに、厚《あつ》くお礼申《れいもう》し上《あ》げます。

中《なか》でも、介護体験《たいけん》を紹介《しょうかい》する「こころの絆《きずな》」が大《おお》きく共感《きょうかん》を広《ひろ》げている。

そこには、当事者《とうじしゃ》ならではの悩《なや》み、戸惑《とまど》い、葛藤《かっとう》が。ただ、涙《なみだ》しか出《で》ないような、介護の厳《きび》しい現実《げんじつ》に直面《ちょくめん》しても、〝泣《な》き笑《わら》い〟に変《か》えて前《まえ》を向《む》く、庶民《しょみん》のたくましさ、生《い》きる知恵《ちえ》がつづられている。

また、寄《よ》せられた〝体験記《き》〟は、介護を終《お》えた後《あと》に書《か》かれたものが多《おお》く、投稿者《とうこうしゃ》は「書く」ことで、自分《じぶん》の気持《きも》ちの整理《せいり》にもなるのだろう。

「介護」担当記者《たんとうきしゃ》の一人《ひとり》として、私《わたし》も三世代同居《せだいどうきょ》で味《あじ》わった在宅《ざいたく》での経《けい》験《けん》を基《もと》に、読者に寄《よ》り添《そ》うこと一〇年。試《ため》しに、自身《じしん》の体験記を少《すこ》し書いてみた。

――「お母《かあ》さん、出てきたわよ。よかったね！」

私には、忘《わす》れられない〝におい〟がある。祖母《そぼ》の、便《べん》の臭《にお》いだ。実家《じっか》のトイレは狭《せま》く、大人《おとな》が二人《ふたり》も入《はい》ると、ドアは閉《し》まらない。ちなみに、二人目《め》は私の母《はは》。祖母の肛門《こうもん》に、指《ゆび》を入《い》れていた。

当時《とうじ》三十歳《さい》そこそこの私は、その横《よこ》で、出勤《しゅっきん》前の身支度《みじたく》をする。大学《だいがく》時代《じだい》の気楽《きらく》な一人暮《ぐ》らしとは違《ちが》い、最初《さいしょ》は嫌《いや》で、たまらなかった。

まだ、介護の「か」の字《じ》も知《し》らない頃《ころ》のこと。それでも、仕事《しごと》から帰《き》宅《たく》すると、「寝《ね》られない」と言《い》う祖母のために、深夜《しんや》まで話《はな》し相手《あいて》になった。幼《おさな》い頃から、祖母のことが大好《だいす》きだったからだ。

在宅介護は五年ほど。別《わか》れは、突然《とつぜん》のようにやってきた。病院《びょういん》に入退《にゅうたい》院《いん》を繰《く》り返《かえ》していた祖母が、ＩＣＵ（集中治療室《しゅうちゅうちりょうしつ》）に入ったまま、退院《たいいん》しない。最後《さいご》の会話《かいわ》は何《なん》だったか、思《おも》い出《だ》せないくらい。悔《く》いは、山《やま》ほどある。

旅立《たびだ》ちの朝《あさ》は、家族全員《かぞくぜんいん》で祖母の病室《びょうしつ》に。わずかに動《うご》く心電図《しんでんず》だけが、生《せい》の証《あか》しのような姿《すがた》。しばらくして電源《でんげん》が切《き》られ、臨終《りんじゅう》を告《つ》げられた。泣《な》き崩《くず》れる母。不思議《ふしぎ》にも、その日《ひ》は、母の誕生日だった。

私は涙をこらえて、予定《よてい》していた介護の取材《しゅざい》へ。先《さき》に帰宅した祖母と、葬儀《そうぎ》までの何日間《なんにちかん》か、一緒《いっしょ》に横になって寝た。すてきな寝顔《ねがお》だった――。

生と死《し》の境目《さかいめ》は、どこにあるのか。祖母は今《いま》も、私の中で生きている。

ある日《ひ》、見覚《みおぼ》えのある字の手紙《てがみ》が、職場《しょくば》に届《とど》いた。まさかの投稿者は、母である。他界《たかい》した祖母の物《もの》を、片付《かたづ》けられない気持ちが書かれていた。原稿《げんこう》の内容《ないよう》はともかく、私は、そっと机《つくえ》にしまった。一周忌《いっしゅうき》の後に片付けようと書かれていたが、結局《けっきょく》、三回忌《さんかいき》くらいまで手付《てつ》かずだった。

同《おな》じ家族でも、母と私とで、介護に関《かか》わった割合《わりあい》は、天《てん》と地《ち》ほど違う。えそした祖母の足《あし》が切断《せつだん》されないように、通院《つういん》と在宅ケアで一年間《ねんかん》かけて治《なお》した、根気強《こんきづよ》さが母にはある。「来世《らいせ》は、医者《いしゃ》になろうかな(笑《わら》い)」。人生《じんせい》の苦《く》と楽《らく》は、表裏一体《ひょうりいったい》と言えそうだ。介護する母の姿を通《とお》し、多くのことを学《まな》ばせてもらい、あらためて感謝《かんしゃ》する。

担当記者になって救《すく》われたのは、私の原稿を直《なお》す当時の部長《ぶちょう》も、自宅《じたく》で母親《ははおや》を介護していたこと。当事者の気持ちに、どう寄り添うかを教《おそ》わった。そのお母さまも、今年《ことし》五月《がつ》に霊山《りょうぜん》へ。謹《つつし》んでご冥福《めいふく》をお祈《いの》りします。
介護で最《もっと》も大切《たいせつ》なことは、相手《あいて》との〝心《こころ》の絆〟かもしれない。その絆の強め方《かた》は、一〇〇人《にん》いれば一〇〇通りの正解《せいかい》があるだろう。わが家流《やりゅう》の介護につながるヒントを、本書《ほんしょ》から見《み》つけてもらえれば幸《さいわ》いである。

二〇二〇年五月

聖教新聞　文化《ぶんか》部

こころの絆　わたしの介護体験記　もくじ

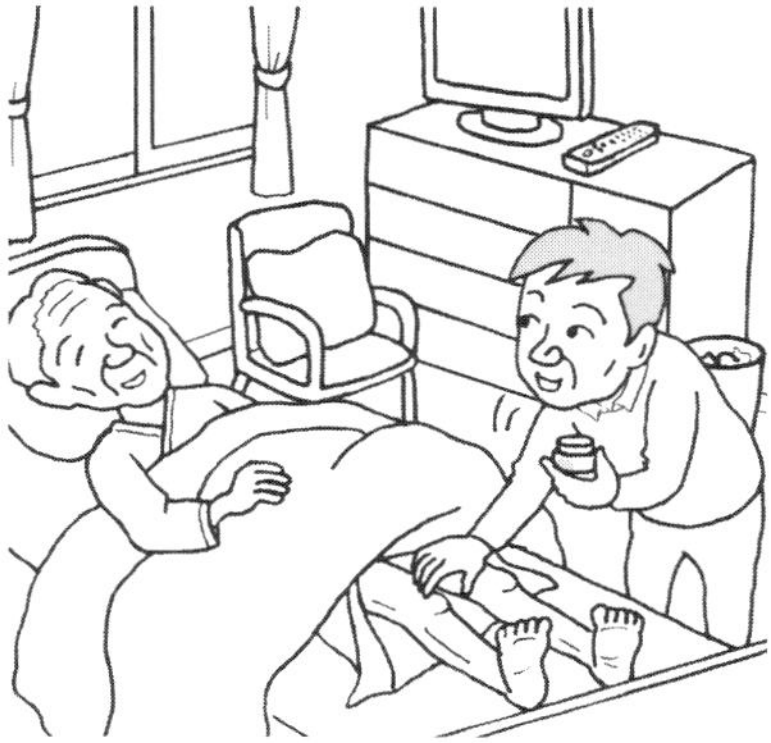

こころの絆《きずな》

わたしの介護体験記

その時《とき》が来《き》たら

東京都杉並区
横山　砂登美（主婦　六十九歳）

私《わたし》がまだ三人目《にんめ》の子《こ》をおんぶしていた時《とき》のこと。夫《おっと》の祖母《そぼ》を同居《どうきょ》で介《かい》護《ご》していました。

祖母は認知症《にんちしょう》の影響《えいきょう》で、お風呂《ふろ》に入《はい》るのを嫌《いや》がったり、やっと入浴《にゅうよく》しても服《ふく》を着《き》ないで部屋《へや》に逃《に》げ込《こ》んだり、たんすにたばこの吸《す》い殻《がら》を捨《す》てて煙《けむり》が出《で》たり、冷蔵庫《れいぞうこ》を下足箱《げそくばこ》と思《おも》い靴《くつ》をしまったり、洗濯機《せんたくき》を冷蔵庫と勘違《かんちが》いして買《か》った肉《にく》を入《い》れたりと、孫嫁《まごよめ》の私には驚《おどろ》きの連続《れんぞく》でした。

当時《とうじ》は介護保険制度《ほけんせいど》もなく、毎日《まいにち》、休《やす》む間《ま》もありませんでした。

五年前《ねんまえ》、夫の胃《い》がんの手術《しゅじゅつ》では医師《いし》に勧《すす》められ、要《よう》介護認定《にんてい》の手続《てつづ》きをしました。でも皆《みな》さんのおかげで夫は元気《げんき》になり、介護サービスを利《り》用《よう》しないで済《す》むことに。祖母の時にこの制度があったら心強《こころづよ》かった、と思うサービスばかりでした。

今《いま》は老老《ろうろう》介護の方《かた》も大勢《おおぜい》います。私たち夫婦《ふうふ》も〝その時〟が近《ちか》づいていますが、なるべく自分《じぶん》たちで支《ささ》え合《あ》って頑張《がんば》るつもりです。

もし、子どもに介護してもらうことになったら、介護サービスを利用して心《こころ》にゆとりを持《も》って支えてもらえればと思っています。


（二〇一九年一月九日）

音《おん》楽《がく》が好《す》きな母《はは》

東京都北区
岩藤　広美（会社員　五十五歳）

認《にん》知《ち》症《しょう》を患《わずら》って家《いえ》で寝《ね》たきりの母《はは》が昨《さく》年《ねん》、誤《ご》嚥《えん》性《せい》肺《はい》炎《えん》で入《にゅう》院《いん》。医《い》師《し》に「口《くち》からの栄《えい》養《よう》摂《せっ》取《しゅ》は困《こん》難《なん》」と言《い》われ、鼻《はな》にチューブを入《い》れることになりました。

一カ月《げつ》半《はん》後《ご》に退《たい》院《いん》するも、在《ざい》宅《たく》介《かい》護《ご》は難《むずか》しく、通《かよ》っていた施《し》設《せつ》に入《にゅう》所《しょ》。スタッフは良《よ》い方《かた》ばかりで、看《かん》護《ご》師《し》が母に「音《おん》楽《がく》がお好《す》きなようだから」とラジオを貸《か》してくれました。会社帰《かいしゃがえ》りに母の部屋《へや》を訪《おとず》れると、よく歌《うた》などが流《なが》れていました。

ところがある日《ひ》、そのラジオが片付《かたづ》けられてしまいました。母は話《はな》すこともできない状態《じょうたい》ですが、残念《ざんねん》がっているだろうと思《おも》い、私《わたし》が携帯電《けいたいでん》話《わ》で童謡《どうよう》などを聴《き》かせてあげることに。ただ、母には特《とく》に反応《はんのう》はありません。

しかし、姉《あね》と共《とも》に訪れて音楽を流した時《とき》、「あー」と大《おお》きな声《こえ》を出《だ》したのです。驚《おどろ》いた私たちは、「きっと母は歌っているのかも」と喜《よろこ》び合《あ》いました。

現在《げんざい》は再《ふたた》び入院中《ちゅう》の母。また音楽を聴いてもらえるように回復《かいふく》を祈《いの》りつつ、母とのかけがえのない日々《ひび》を大切《たいせつ》にしています。

（二〇一九年一月九日）

同窓会《どうそうかい》に行《い》く父《ちち》

東京都江戸川区
古俣　晃子（会社員　四十一歳）

父《ちち》が心筋梗塞《しんきんこうそく》を患《わずら》ってから、六年前《ねんまえ》に亡《な》くなるまでの話《はなし》です。

離《はな》れて暮《く》らしていたので、週末《しゅうまつ》くらいしか会《あ》えませんでしたが、父に会えるのが楽《たの》しみでした。共《とも》に暮らす母《はは》や近《ちか》くに住《す》む姉家族《あねかぞく》のおかげで、父は体《からだ》が不自由《ふじゆう》でも前向《まえむ》きに生《い》きていたと思《おも》います。

その父が「同窓会《どうそうかい》に行《い》きたい」と言《い》った時《とき》のこと。会場《かいじょう》は遠《とお》く、父には車椅子《くるまいす》が必要《ひつよう》でした。断念《だんねん》するように促《うなが》しても、本人《ほんにん》は「泊《と》まりがけで行きたい」と強《つよ》く望《のぞ》みました。

心配《しんぱい》のあまり、私《わたし》が「皆《みな》さまに迷惑《めいわく》を掛《か》けることになるよ」と言うと、父は珍《めずら》しく声《こえ》を荒《あら》らげて「足手《あしで》まといにするな！」と、私を一喝《いっかつ》したのです。

すぐに父はいつも通《どお》りの様子《ようす》に戻《もど》りましたが、その出来事《できごと》を思《おも》い出《だ》すと、今《いま》も胸《むね》が痛《いた》みます。

父が亡くなってからも後悔《こうかい》は、あの一言《ひとこと》を発《はっ》したこと。父の心《こころ》を思うと、今更《いまさら》ながら涙《なみだ》が出《で》る思いです。

あらためて、相手《あいて》を思いやる心の大切《たいせつ》さを痛感《つうかん》しています。

（二〇一九年一月九日）

最後《さいご》まで在宅《ざいたく》で

奈良県奈良市
長谷場　桂子（主婦　七十歳）

母《はは》は三年前《ねんまえ》に九十一歳《さい》で永眠《えいみん》しました。

七十歳を過《す》ぎてから物忘《ものわす》れがひどく、アルツハイマー型認知症《がたにんちしょう》に。父《ちち》が母の世話《せわ》をしていましたが、その父ががんを患《わずら》い、両親《りょうしん》をわが家《や》に引《ひ》き取《と》りました。間《ま》もなく父は、母を気《き》に掛《か》けながら八十四歳で他界《たかい》。母は、ほとんど寝《ね》ていましたが食事《しょくじ》やトイレは自分《じぶん》ででき、私《わたし》が仕事《しごと》で外《がい》出《しゅつ》する時《とき》は、デイサービスにも通《かよ》っていました。

そんな穏《おだ》やかな日々《ひび》を過ごしていた母が、自宅《じたく》で転倒《てんとう》。亡《な》くなるまでの一カ月《げつ》ほどは、全介助《ぜんかいじょ》の状態《じょうたい》でした。

家《いえ》で看取《みと》るか、入院《にゅういん》させるかで悩《なや》み、葛藤《かっとう》も。周《まわ》りの人々《ひとびと》からは「家では面倒《めんどう》を見切《みき》れないだろう」といった意見《いけん》もありました。

母親《ははおや》を亡くされた方《かた》から家での看取りについて伺《うかが》い、最後《さいご》まで在宅《ざいたく》でと決意《けつい》。看護師《かんごし》らに協力《きょうりょく》してもらうも、食事や下《しも》の世話に悪戦苦闘《あくせんくとう》の日々でした。

そして私の仕事中《ちゅう》、わが家を訪問《ほうもん》した医師《いし》から「今夜《こんや》が危《あぶ》ない」との連絡《れんらく》があり、夕方《ゆうがた》に帰宅《きたく》。その夜《よる》、眠《ねむ》るように息《いき》を引き取ったのです。

まるで、娘《むすめ》の帰宅を待《ま》っていてくれたかのように……。


（二〇一九年一月九日）

二人《ふたり》は常《つね》に一緒《いっしょ》

東京都杉並区
田代　惠子（主婦　六十歳）

現在《げんざい》九十三歳《さい》の実母《じつぼ》は、新潟《にいがた》のある介護施設《かいごしせつ》で暮《く》らしています。十数《すう》年前《ねんまえ》にパーキンソン病《びょう》を発症《はっしょう》し、今《いま》は亡《な》き父《ちち》が〝老老介護《ろうろうかいご》〟で母《はは》を世話《せわ》していました。

しかしある日《ひ》、父が転倒《てんとう》して骨折《こっせつ》し、歩行《ほこう》が困難《こんなん》に。介護もままならなくなり、母と二人《ふたり》で施設に入所《にゅうしょ》することになりました。

入所当初《とうしょ》は父も母も元気《げんき》で、私《わたし》が見舞《みま》いに行《い》くと、二人で談笑《だんしょう》していたことを懐《なつ》かしく思《おも》い出《だ》します。

六〇年以上《いじょう》も添《そ》い遂《と》げた母は、父が他界《たかい》したショックが大《おお》きく、その後《ご》は認知症《にんちしょう》が進行《しんこう》。「お父《とう》さんは〇〇さんの通夜《つや》に行って、まだ帰《かえ》ってこないんだよ」などとよく言《い》っていました。

楽《たの》しい時《とき》も、苦《くる》しい時も共《とも》に暮らしてきたので、母の頭《あたま》の中《なか》には今も、父が一緒《いっしょ》にいるのかもしれませんね。

お母《かあ》さん、いつまでも元気でいてください。また顔《かお》を見《み》に行くからね。

（二〇一九年二月六日）

母《はは》との宝《たから》の写《しゃ》真《しん》

埼玉県草加市
河合　康子（清掃員　六十七歳）

昨年《さくねん》五月《がつ》、母《はは》は八十八歳《さい》で永眠《えいみん》しました。父《ちち》が亡《な》くなってから一七年《ねん》もの間《あいだ》、時《とき》にはわが家《や》の〝留守番部隊《るすばんぶたい》〟として私《わたし》たち家族《かぞく》を守《まも》ってくれました。

亡くなるまでの二年間《ねんかん》、母はがんと闘《たたか》って入退院《にゅうたいいん》を繰《く》り返《かえ》しながらも、デイサービスに通《かよ》って楽《たの》しく過《す》ごしていました。

痩《や》せてしまい、食事《しょくじ》も思《おも》うように口《くち》にすることができなくなりましたが、いつも「おいしいね。ありがとう」と言《い》ってくれたことが忘《わす》れられません。

若《わか》い頃《ころ》は、母をなかなか好《す》きになれませんでした。でも、振《ふ》り返《かえ》ると〝もっと、もっと優《やさ》しく接《せっ》してあげればよかった……〟と悔《く》いが残《のこ》ります。

生前《せいぜん》に、私の娘《むすめ》が撮《と》ってくれた母との写真《しゃしん》が、かけがえのない宝物《たからもの》になりました。孫《まご》たちに手《て》を握《にぎ》られて歩《ある》く母の表情《ひょうじょう》が大好《だいす》きで、今《いま》では私が写真の母に「ありがとう」と話《はな》し掛《か》けています。

「感謝《かんしゃ》の気持《きも》ちを忘れずに」と、私によく語《かた》っていた母――あなたの娘で幸《しあわ》せでした。本当《ほんとう》にありがとう。

（二〇一九年二月六日）

「いい言葉《ことば》だな」

大阪府和泉市
南　順子（七十四歳）

昨年《さくねん》七月《がつ》に夫《おっと》が悪性《あくせい》リンパ腫《しゅ》で亡《な》くなりました。七十九歳《さい》でした。もともと元気《げんき》だった夫は定年後《ていねんご》もパートで働《はたら》き、そろそろ退職《たいしょく》を考《かんが》えていた一昨年《いっさくねん》、体《からだ》に異変《いへん》が。何軒《なんけん》か病院《びょういん》を回《まわ》り、ようやく診断《しんだん》されたのが悪性リンパ腫だったのです。

治療《ちりょう》では思《おも》うような効果《こうか》が得《え》られず、医師《いし》から緩和《かんわ》ケアを勧《すす》められるように。それでも夫は、最後《さいご》まで希望《きぼう》を持《も》ち続《つづ》けていました。

入退院《にゅうたいいん》をする生活《せいかつ》が一年余《ねんあま》りに及《およ》ぶと、夫は「家族《かぞく》のいる家《いえ》がいい。頼《たの》むわ」と。私《わたし》も「自分《じぶん》の家なんだから何《なに》も気兼《きが》ねする必要《ひつよう》はないわ」と応《こた》え、不安《ふあん》でも在宅《ざいたく》での看取《みと》りを覚悟《かくご》しました。

病気《びょうき》になる前《まえ》は、私の行動《こうどう》が気《き》に入《い》らず、反対《はんたい》されたこともよくありました。そんな夫が家事《かじ》などを手伝《てつだ》うようになり、私は「お父《とう》さん、ありがとう」と声掛《こえか》けを。すると、夫が「『ありがとう』は、いい言葉《ことば》だな」と言《い》ってくれたことが、とてもうれしかったです。

「もう自分の最期《さいご》が近《ちか》いのが分《わ》かる。どこにも行《い》くな」と言う夫――二階《かい》の寝室《しんしつ》に上《あ》がれなくなり、一階の狭《せま》い所《ところ》で、寄《よ》り添《そ》うように二人《ふたり》で寝《ね》ることに。でも夫は「いろんな話《はなし》ができてよかった」と語《かた》っていました。

お父さん、ありがとう！　またね。

（二〇一九年二月六日）

息子《むすこ》の誕生日《たんじょうび》に

熊本県相良村
桑原　利恵（看護師 四十九歳）

施設《しせつ》で暮《く》らしていた義母《ぎぼ》が、昨年《さくねん》九月《がつ》に九十三歳《さい》で亡《な》くなりました。以前《いぜん》は自宅《じたく》で介護《かいご》した時期《じき》もありますが、認知症《にんちしょう》による昼夜逆転《ちゅうやぎゃくてん》など症状《しょうじょう》が重《おも》くなり、施設に入所《にゅうしょ》してもらうことに。週《しゅう》一、二回《かい》は義母の洗《せん》濯物《たくもの》を取《と》りに行《い》く生活《せいかつ》が、四年近《ねんちか》く続《つづ》いていました。

次第《しだい》に食事《しょくじ》が取れなくなった義母。〝最期《さいご》は自宅で〟という本人《ほんにん》の希《き》望《ぼう》を踏《ふ》まえ、家族《かぞく》が迎《むか》えに行こうとした日《ひ》の朝《あさ》、義母は安《やす》らかに旅立《たびだ》ったのです。

その日《ひ》は九歳になる息子《むすこ》の誕生日《たんじょうび》でした。自宅で仮通夜《かりつや》を行《おこな》い、眠《ねむ》っているかのように穏《おだ》やかな義母の顔《かお》を見《み》た息子は、涙《なみだ》をこらえながら「ばあちゃんが家《いえ》に帰《かえ》ってきてくれたことが一番《いちばん》のプレゼント」と言《い》いました。

義母と夫《おっと》、息子と私《わたし》の四人《にん》で行《おこな》った、最後《さいご》の誕生日祝《いわ》いは、今《いま》も忘《わす》れることのできない思《おも》い出《で》です。

〝早《はや》く迎えに行《い》っていれば〟と後悔《こうかい》もしましたが、家族みんなで義母との絆《きずな》を大切《たいせつ》にしたいと思《おも》います。

（二〇一九年二月六日）

最期《さいご》は腕《うで》の中《なか》で

静岡県沼津市
小川　治枝（介護福祉士　六十三歳）

認知症《にんちしょう》が進行《しんこう》した母《はは》は以前《いぜん》、弟《おとうと》家族《かぞく》と共《とも》に暮《く》らしていました。ところが一昨年《いっさくねん》に、在宅《ざいたく》での介護《かいご》が難《むずか》しい状態《じょうたい》となり、姉《あね》の経営《けいえい》する介護施設《しせつ》に入居《にゅうきょ》。私《わたし》も同《おな》じ所《ところ》で、すでにスタッフとして働《はたら》いていました。

入居後《ご》一年《ねん》ほどは、母の笑顔《えがお》もよく見《み》られたのですが、昨年夏《さくねんなつ》ごろからは、ベッド等《とう》で寝《ね》ていることが増《ふ》え、食事《しょくじ》もあまり進《すす》まない状態に。

そのまま秋《あき》になり、医師《いし》からは終末期《しゅうまつき》のターミナルケアを指示《しじ》されました。

そして、十二月《がつ》の私の夜勤中《やきんちゅう》に容体《ようだい》が急変《きゅうへん》。心臓《しんぞう》マッサージなどを試《こころ》みましたが、母は蘇生《そせい》することなく、私の腕《うで》の中《なか》で亡《な》くなったのです。不思議《ふしぎ》にも、娘《むすめ》に見守《みまも》られながら息《いき》を引《ひ》き取《と》った母――その最期《さいご》に立《た》ち会《あ》えたことに、娘として感謝《かんしゃ》の思《おも》いでいっぱいです。

生前《せいぜん》は〝同じ施設に母もいる〟という安心感《あんしんかん》がありましたが、今《いま》では〝心《こころ》の中《なか》に母がいる〟と感じるように。六十歳《さい》から新《あら》たなことに挑戦《ちょうせん》した母を見習《みなら》い、私も成長《せいちょう》し続《つづ》けたいと思っています。

（二〇一九年二月六日）

希《き》望《ぼう》を見《み》つけ

京都市伏見区
九鬼　あき子（主婦　六十九歳）

私《わたし》がパーキンソン病《びょう》の治療《ちりょう》を受《う》けるようになって三年余《ねんあま》り。現在《げんざい》は、ケアマネジャーが立《た》てたプランに沿《そ》ってヘルパーだけでなく、リハビリや看護《かんご》、歯《は》の専門家《せんもんか》もわが家《や》を訪問《ほうもん》してくれます。

さらにデイサービスの利用《りよう》も。日々《ひび》の暮《く》らしが快適《かいてき》になり、趣味《しゅみ》も満《まん》喫《きつ》しています。

とはいえ、毎日《まいにち》が病《やまい》との闘《たたか》い。冬場《ふゆば》は寒《さむ》くて足《あし》が思《おも》うように動《うご》きません。介護《かいご》を受ける身《み》になったからこそ、人《ひと》の思いやりと地域《ちいき》の方《かた》の支《ささ》えが、どれほどありがたいかを実感《じっかん》。私のため、何度《なんど》も役所《やくしょ》に行《い》って手続《てつづ》きをしてくれた、夫《おっと》や息子《むすこ》たちにも感謝《かんしゃ》しています。

今《いま》では、公的《こうてき》な支援制度《しえんせいど》を知《し》らずに困《こま》っている方がいれば、私がアドバイスするようになりました。

元々《もともと》は健康《けんこう》な方《ほう》でしたので、病気《びょうき》だと分《わ》かった時《とき》のショックは、大《おお》きなものがありました。病状《びょうじょう》は、これから悪《わる》くなるかもしれませんが、自分《じぶん》なりにできることを行《おこな》いながら、希望《きぼう》を見《み》つけて元気《げんき》に暮らしていきます。

（二〇一九年二月二十七日）

救《すく》われた言葉《ことば》

愛知県稲沢市
中根　由恵（主婦　五十一歳）

同居《どうきょ》の義母《ぎぼ》が六十五歳《さい》でアルツハイマー病《びょう》を発症《はっしょう》して、一〇年《ねん》の月日《つきひ》が流《なが》れていました。

アルコール依存症《いそんしょう》の義母は、外出《がいしゅつ》すると、所持金《しょじきん》がなくても近所《きんじょ》の人《ひと》に小銭《こぜに》を借《か》り、お酒《さけ》を購入《こうにゅう》。借りたことを忘《わす》れるので、私《わたし》が後《あと》から人に言《い》われて知《し》ることもありました。

不自然《ふしぜん》な言動《げんどう》が増《ふ》えるも、デイサービスには機嫌《きげん》よく、夫婦《ふうふ》で通《かよ》っていた義母ですが、やがて義父《ぎふ》の顔《かお》を見《み》ても誰《だれ》なのか分《わ》からない様子《ようす》に。家《いえ》の中《なか》で転《ころ》んだり、階段《かいだん》から落《お》ちたりするようにもなり、家族《かぞく》は介護《かいご》施設《しせつ》の利用《りよう》を決断《けつだん》しました。

施設では義母の食事《しょくじ》の時間《じかん》に会《あ》いに行《い》き、介助《かいじょ》しながら話《はな》すことを心《こころ》掛《が》けました。

徐々《じょじょ》に会話《かいわ》が難《むずか》しくなり、表情《ひょうじょう》も乏《とぼ》しくなった姿《すがた》に、私が元気《げんき》を失《うしな》いかけた時《とき》のこと。スタッフから「やっぱりお嫁《よめ》さんが来《く》ると、お母《かあ》さんの顔が違《ちが》う」と褒《ほ》められたのです。思《おも》わず救《すく》われた気持《きも》ちになりました。

先月《せんげつ》、義母は七十六歳で旅立《たびだ》ちましたが、家族に囲《かこ》まれた最期《さいご》の顔はとても穏《おだ》やかでした。よく頑張《がんば》ったね。これまでありがとう！

（二〇一九年二月二十七日）

優《やさ》しい妻《つま》の顔《かお》

仙台市泉区
小磯　清光（七十八歳）

昨年《さくねん》の暮《く》れに、医師《いし》から〝初期《しょき》の胃《い》がん〟と診断《しんだん》された私《わたし》が、半月《はんつき》ほど入院《にゅういん》した時《とき》のこと。妻《つま》は仕事終《しごとお》わりで疲《つか》れていても、新聞《しんぶん》や郵便物《ゆうびんぶつ》などを抱《かか》えながら、よく見舞《みま》いに来《き》てくれたと思《おも》う。別《べつ》の病院《びょういん》に入院している私の母《はは》を、日頃《ひごろ》は介護《かいご》してくれているにもかかわらずである。献身《けんしん》の愛情《あいじょう》に対《たい》して、感謝《かんしゃ》しかない。

妻の母は、若《わか》くしてこの世《よ》を去《さ》っている。そんな妻が以前《いぜん》、私に語《かた》ってくれた言葉《ことば》が今《いま》も忘《わす》れられない。

「自分《じぶん》の母親《ははおや》が病気《びょうき》で寝《ね》たきりの時、私は受験勉強中《じゅけんべんきょうちゅう》で、ほとんど看病《かんびょう》できなかった。だから、あなたの母親を最後《さいご》まで面倒見《めんどうみ》させてほしい」

私は入院する前《まえ》まで長年《ながねん》にわたり、地域《ちいき》では寸劇《すんげき》や歌謡曲《かようきょく》などを披露《ひろう》し、一方《いっぽう》で師範《しはん》として武道《ぶどう》を教《おし》える活動《かつどう》も続《つづ》けていた。

現在《げんざい》はリハビリ中《ちゅう》の身《み》だが、必《かなら》ず〝復活《ふっかつ》〟させたい。そんな私を妻は温《あたた》かく見守《みまも》ってくれている。

優《やさ》しさというのは、誰《だれ》もが感《かん》じ取《と》るのだろう。いつも多《おお》くの友《とも》に囲《かこ》まれている妻――その時《とき》の笑顔《えがお》、最高《さいこう》だ。

（二〇一九年二月二十七日）

姉妹《しまい》で仲良《なかよ》く

東京都大田区
新林　広江（主婦　五十一歳）

父《ちち》は肺《はい》がんの末期《まっき》と診断《しんだん》され、緩和《かんわ》ケアの施設《しせつ》で二年前《ねんまえ》の八月《がつ》に亡《な》くなりました。

一人暮《ひとりぐ》らしの父の家《いえ》に私《わたし》が泊《と》まった時《とき》、突然《とつぜん》、父が喀血《かっけつ》し救急車《きゅうきゅうしゃ》で病院《びょういん》に運《はこ》ばれ、医師《いし》からは「あと二カ月《げつ》もつかどうかです」と。四姉妹《しまい》の娘《むすめ》たちが集《あつ》まり、今後《こんご》どうするかを話《はな》し合《あ》い、まずは父の家で在宅介護《ざいたくかいご》をしようと決《き》めたのです。

訪問《ほうもん》介護やヘルパーの手続《てつづ》きなどを行《おこな》い、姉妹が交代《こうたい》で父の家に泊まることに。父は再入院《さいにゅういん》の後《あと》、緩和ケアの施設に入所《にゅうしょ》することとなりました。

幸《さいわ》い、妹二人《いもうとふたり》は介護や看護《かんご》の仕事《しごと》に携《たずさ》わっており、正社員《せいしゃいん》で働《はたら》く姉《あね》も介護休暇《きゅうか》を取得《しゅとく》。私は専業《せんぎょう》主婦だったので、皆《みな》で力《ちから》を合《あ》わせて乗《の》り越《こ》えることができました。

生前《せいぜん》は、私たち娘に「きょうだい仲良《なかよ》く」とよく語《かた》っていた父。医師に言《い》われた寿命《じゅみょう》を少《すこ》しでも延《の》ばし、娘たちの〝絆《きずな》〟を最後《さいご》まで育《はぐく》ませてくれたのかと思《おも》うと、感謝《かんしゃ》の気持《きも》ちでいっぱいです。

父のように、どこまでも思いやりのある、心《こころ》の広《ひろ》い人間《にんげん》に成長《せいちょう》したいと思います。

（二〇一九年二月二十七日）

また会《あ》いに行《い》く

埼玉県川口市
小野　みよ子（主婦　七十二歳）

農家《のうか》として働《はたら》き続《つづ》けた父《ちち》は百一歳《さい》、母《はは》は百歳で、二人《ふたり》とも新潟《にいがた》にいます。難病《なんびょう》の進行性核上性麻痺《しんこうせいかくじょうせいまひ》を患《わずら》う父は、介護施設《かいごしせつ》で暮《く》らしていましたが、会話《かいわ》や食《た》べ物《もの》をのみ込《こ》むことが不自由《ふじゆう》になり、昨年《さくねん》から病院《びょういん》に移《うつ》りました。

そんな父を見《み》てきた私《わたし》たち三人《にん》きょうだいは、悩《なや》んだ末《すえ》に「延命治療《えんめいちりょう》は一切《いっさい》しない」と決断《けつだん》。でも、衰弱《すいじゃく》して〝その時《とき》〟が来《く》ると、まだ意識《いしき》のある父を見届《みとど》けることができず、医師《いし》に経管栄養《けいかんえいよう》をお願《ねが》いしたのです。

一人暮《ひとりぐ》らしだった母も歩行《ほこう》が困難《こんなん》となり、三年前《ねんまえ》に施設に入所《にゅうしょ》。私は時折《ときおり》、両親《りょうしん》の顔《かお》を見に帰省《きせい》しています。

今年《ことし》の正月《しょうがつ》も、父のいる病院へ。ホワイトボードに「会《あ》いに来《き》たよ」と書《か》くと、父は涙《なみだ》して口《くち》をモグモグと。「よく来たな」と言《い》っているようでした。

一方《いっぽう》、母はいつも私に「土産《みやげ》がなくて悪《わる》いな。畑《はたけ》仕事《しごと》をしたら米《こめ》を送《おく》るから」と。再《ふたた》び田畑《たはた》を耕《たがや》したい思《おも》いがあるようです。ベッドの脇《わき》には、私が送った励《はげ》ましの手紙《てがみ》が積《つ》み重《かさ》ねてありました。

昔《むかし》のように親《おや》と話《はな》すことはできませんが、現実《げんじつ》を見つめながら父と母の心《こころ》に寄《よ》り添《そ》い、また会いに行《い》きます。

（二〇一九年三月六日）

出会《であ》いに感謝《かんしゃ》！

浜松市南区
大山　浩太郎（五十七歳）

先月《せんげつ》、夕方《ゆうがた》ごろ帰宅《きたく》した九十三歳《さい》の母《はは》が、ふらつきだして苦《くる》しい顔《かお》になったので、救急車《きゅうきゅうしゃ》で一緒《いっしょ》に病院《びょういん》へ。インフルエンザと診断《しんだん》され、歩《ある》いて帰《かえ》れる状態《じょうたい》ではなく、車椅子《くるまいす》を備《そな》えている〝福祉《ふくし》タクシー〟を呼《よ》びました。

私《わたし》と同年代《どうねんだい》くらいの男性《だんせい》の運転手《うんてんしゅ》が、母に優《やさ》しく声《こえ》を掛《か》けながら手際《てぎわ》よく乗《の》せてくれ、車中《しゃちゅう》で彼《かれ》といろいろな話《はなし》をしました。話題《わだい》が介護《かいご》に及《およ》ぶと私は、五年前《ねんまえ》から母を介護していることや、最初《さいしょ》はイライラすることが多《おお》く、そんな時《とき》に限《かぎ》って、母がトイレで失敗《しっぱい》して手間《てま》が増《ふ》えたこと――なども。

その後《ご》、私が前向《まえむ》きに捉《とら》えて母のペースに合《あ》わせ、努《つと》めて笑顔《えがお》で接《せっ》するようにしたら、だいぶ楽《らく》に感《かん》じたことも話《はな》しました。

すると彼は優しい口調《くちょう》で「介護、頑張《がんば》ってくださいね」と。その一言《ひとこと》に込《こ》められた真心《まごころ》をうれしく思《おも》い、よい出会《であい》いに恵《めぐ》まれたことに感謝《かんしゃ》しました。

ようやく自宅《じたく》に着《つ》いたのは、真夜中《まよなか》です。外《そと》は寒《さむ》く、体《からだ》は疲《つか》れていましたが、心《こころ》は温《あたた》かくなっていました。

（二〇一九年三月六日）

母《はは》からの〝お礼《れい》〟

兵庫県尼崎市
下堂　佳代子（主婦　七十五歳）

母《はは》が亡《な》くなり、今年《ことし》で十三回忌《じゅうさんかいき》に当《あ》たります。生前《せいぜん》は心臓《しんぞう》などの病気《びょうき》で何度《なんど》も手術《しゅじゅつ》を受《う》け、母の近《ちか》くに住《す》む私《わたし》が世話《せわ》をしました。

ある日《ひ》、入院中《にゅういんちゅう》の母を診《み》た医師《いし》から胃《い》ろうを勧《すす》められ、きょうだい四人《にん》で相談《そうだん》。すぐに結論《けつろん》は出《で》なかったものの、かつて母が話《はな》していた考《かんが》えに基《もと》づいて、お断《ことわ》りしました。

それからは私が仕事《しごと》の合間《あいま》を縫《ぬ》って、一日《にち》三回《かい》、母の食事《しょくじ》を介助《かいじょ》しに行《い》きました。ヨーグルトのような物《もの》しか食《た》べられない母でしたが、私を見《み》ると、口《くち》を開《あ》けて「食べさせて」と言《い》うのです。

やがて、朝晩《あさばん》の食事介助は看護師《かんごし》が行《おこな》ってくれることとなり、私は昼食《ちゅうしょく》だけ手伝《てつだ》うように。ただ、母から「ありがとう」といったお礼《れい》は無《な》いままでした。

そして看取《みと》りを迎《むか》えた時《とき》のこと。突然《とつぜん》、母が頭《あたま》を持《も》ち上《あ》げたかと思《おも》うと、その頭を私に向《む》けて下《さ》げたのです。それは、すでに声《こえ》が出なくなっていた母からの〝お礼〟でした。

最期《さいご》も本人《ほんにん》が望《のぞ》んだ通《とお》り、四人の子《こ》に囲《かこ》まれ見送《みおく》られた母。私たちの〝かがみ〟です。

（二〇一九年三月六日）

義父《ぎふ》と二人《ふたり》きり

東京都板橋区
上野　正泰（会社員　六十五歳）

一昨年《いっさくねん》、義父《ぎふ》が八十四歳《さい》で他界《たかい》した。病気《びょうき》で入退院《にゅうたいいん》を繰《く》り返《かえ》し、施設《しせつ》での生活《せいかつ》になった義父を、義母《ぎぼ》と娘《むすめ》である妻《つま》と一緒《いっしょ》に見舞《みま》った時《とき》のことである。

ベッドに横《よこ》たわる義父は痩《や》せていたが、頭《あたま》はしっかりしていた。妻と義母が何《なに》か買《か》い物《もの》だったろうか、病室《びょうしつ》を離《はな》れ、私《わたし》と二人《ふたり》きりになった義父は「塗《ぬ》り薬《ぐすり》を脚《あし》に塗《ぬ》ってくれないか」と言《い》った。長《なが》い入院《にゅういん》生活で肌《はだ》が乾燥《かんそう》し、かゆかったのだ。

「この辺《へん》？」

「いや、その下《した》」

そう話《はな》しながら薬《くすり》を両脚《りょうあし》に塗った。数分《すうふん》のことだったと思《おも》うが、終《お》わると義父は「ありがとう。また頼《たの》む」と言ってくれた。

思えば、実《じつ》の両親《りょうしん》は急逝《きゅうせい》し、私には介護《かいご》の経験《けいけん》が無《な》い。ささいなことではあるが、自分《じぶん》の親《おや》にできなかったことを義父にしてあげられた――

そう思うと、うれしかった。お義父《とう》さん、ありがとう！

（二〇一九年三月六日）

懐《なつ》かしい料理《りょうり》で

滋賀県大津市
橋詰　叔子（アルバイト 七十六歳）

母《はは》の好《す》きだった白梅《しらうめ》が咲《さ》き始《はじ》めると、命日《めいにち》が近《ちか》いのを感《かん》じます。高知《こうち》の広《ひろ》い家《いえ》で暮《く》らしていた八十九歳《さい》の母を、滋賀《しが》の団地《だんち》に住《す》む私《わたし》が世話《せわ》することになり、初《はじ》めは〝大丈夫《だいじょうぶ》か〟と心配《しんぱい》。窓《まど》の外《そと》を眺《なが》める母から「人《ひと》がたくさん歩《ある》いているから寂《さび》しくない」と笑顔《えがお》で言《い》われ安堵《あんど》したものです。

食事《しょくじ》の献立《こんだて》は、巻《ま》きずしなど、子《こ》どもの頃《ころ》に母が作《つく》ってくれた料理《りょうり》を心《こころ》掛《が》けることに。五人《にん》の子どもの好物《こうぶつ》を懐《なつ》かしそうに話《はな》してくれました。

物忘《ものわす》れの症状《しょうじょう》があった母は、近くに子どもたちがいると思《おも》い込《こ》んでいたようで「みんな一緒《いっしょ》に食《た》べたらいいのに」とも。家族思《かぞくおも》いの優《やさ》しい母でした。

親孝行《おやこうこう》できる幸《しあわ》せな日々《ひび》でしたが、徐々《じょじょ》に母は暴言《ぼうげん》などを発《はっ》するようになりました。そのつらさを、迎《むか》えに来《き》たデイサービスの職員《しょくいん》に話すと「何《なん》でも相談《そうだん》してください。一人《ひとり》で悩《なや》みを抱《かか》え込《こ》まないでくださいね」と。その言葉《ことば》がうれしく、母を乗《の》せた車《くるま》が涙《なみだ》の中《なか》で消《き》えるまで見送《みおく》ったのが忘れられません。

わが家《や》に来て四度目《どめ》の梅《うめ》の花《はな》が咲く頃に、母は旅立《たびだ》ちました。

（二〇一九年三月六日）

忘《わす》れていいんよ

大阪市此花区
田中　孝枝（四十六歳）

母《はは》が認知症《にんちしょう》を発症《はっしょう》して五年余《ねんあま》り。最近《さいきん》では記憶《きおく》を失《うしな》い、娘《むすめ》である私《わたし》の名前《なまえ》さえも分《わ》からない状態《じょうたい》でした。

そうした中《なか》で今年《ことし》、母の弟《おとうと》が亡《な》くなったので一緒《いっしょ》に葬儀《そうぎ》へ。母は居合《いあ》わせた他《ほか》のきょうだいのことも分からない様子《ようす》でしたが、話《はな》し掛《か》けられると「顔《かお》は見《み》たことがある」と言《い》うようになりました。

その後《ご》、私のいとこが母に「おばちゃん、覚《おぼ》えてる？　元気《げんき》？」と尋《たず》ね、母は「誰《だれ》？　分からん。でも元気」と返事《へんじ》をしました。

覚えていてほしいという期待感《きたいかん》があった私は、がっかりした気分《きぶん》に。ところが、いとこは笑顔《えがお》で「元気なら、いいんよ。大丈夫《だいじょうぶ》！　忘《わす》れていいんよ！」と言ったのです。

その言葉《ことば》に〝衝撃《しょうげき》〟を受《う》けた私は「忘れていいんだ。あるがままを受《う》け入《い》れればいいんだ」と、心《こころ》が軽《かる》くなりました。

いとこには自宅《じたく》で祖母《そぼ》の介護経験《かいごけいけん》があり、自然《しぜん》とその言葉が出《で》たのだと思《おも》います。

「忘れていい」という言葉を励《はげ》みに、母と共《とも》に刻《きざ》む人生《じんせい》の時間《じかん》を前向《まえむ》きに過《す》ごしたいと決意《けつい》しています。

（二〇一九年三月二十七日）

〝母《はは》〟との思《おも》い出《で》

埼玉県新座市
五味　輝子（主婦　七十六歳）

同居《どうきょ》の母《はは》が七十代《だい》で脊椎《せきつい》カリエスを発症《はっしょう》し、一年《ねん》ほど入院《にゅういん》して医師《いし》に「一生《いっしょう》、車椅子《くるまいす》での生活《せいかつ》になる」と言《い》われたことがあります。

ところがリハビリを頑張《がんば》った母は、歩《ある》いて退院《たいいん》。八十代の時《とき》には、私《わたし》と共《とも》に転居《てんきょ》するほど元気《げんき》に。ただ、周囲《しゅうい》に知人《ちじん》が少《すく》なくなると、母はベッドの上《うえ》で過《す》ごすことが増《ふ》え、言葉数《ことばかず》は減《へ》り、表情《ひょうじょう》も乏《とぼ》しくなっていきました。

〝何《なん》とかしなくてはいけない〟と感《かん》じた私は、母が大好《だいす》きだった聖教新《せいきょうしん》聞《ぶん》を毎日読《まいにちよ》み合《あ》わせることに。夕食後《ゆうしょくご》の三〇分《ぷん》から一時間《じかん》は、自分《じぶん》が仕《し》事《ごと》で疲《つか》れていても必《かなら》ずやり抜《ぬ》こうと続《つづ》けました。

すると、母の表情がだんだん豊《ゆた》かになり、「すごい体験談《たいけんだん》だね」など、感動《かんどう》した部分《ぶぶん》を話《はな》してくれるようになったのです。その後《ご》、新聞の読み合わせは、母が八十八歳《さい》で亡《な》くなる直前《ちょくぜん》まで続きました。

それまで私は複雑《ふくざつ》な事情《じじょう》により、母を「お母《かあ》さん」と呼《よ》べず、孫《まご》と一《いっ》緒《しょ》に「ひぃばあ」と呼んでいました。

でも、今《いま》だからこそ素直《すなお》に呼べます。「お母さん、金《きん》の思《おも》い出《で》をありがとう！」

（二〇一九年三月二十七日）

世話《せわ》になった人《ひと》

神奈川県大和市
中東　ユキ（八十四歳）

昨年《さくねん》一月《がつ》、夫《おっと》が腰《こし》を痛《いた》めて寝《ね》たきり状態《じょうたい》になり、私《わたし》の老老介護《ろうろうかいご》が始《はじ》まりました。夜中《よなか》も三回《かい》ほど下《しも》の世話《せわ》があり、私には自分《じぶん》の時間《じかん》など無《な》い日々《ひび》。夫婦《ふうふ》で〝共倒《ともだお》れ〟になりそうでした。

その後《ご》、夫は左半身《ひだりはんしん》に力《ちから》が入《はい》らなくなり、病院《びょういん》で脳梗塞《のうこうそく》と診断《しんだん》されて入院生活《にゅういんせいかつ》に。私は毎日《まいにち》お見舞《みま》いに通《かよ》いましたが、その年《とし》の六月に夫は八十六歳《さい》で永眠《えいみん》しました。

亡《な》くなる前《まえ》、病室《びょうしつ》で夫の顔《かお》をのぞき込《こ》み、「私のことが分《わ》かりますか」と尋《たず》ねたことがあります。

その時《とき》、夫はもうろうとした状態にもかかわらず、「一番《いちばん》世話になった人《ひと》」と。それが最後《さいご》の言葉《ことば》でした。

縁《えん》あって結婚《けっこん》し、六〇年もの間《あいだ》、苦楽《くらく》を共《とも》にしてきた大事《だいじ》な人――その人を「私は介護したのではなく、介護させてもらったのだ」と思《おも》えた瞬間《しゅんかん》でした。

大変《たいへん》で苦《くる》しかったあの老老介護の日々を、感謝《かんしゃ》の気持《きも》ちで振《ふ》り返《かえ》れるようになると、心《こころ》の底《そこ》から元気《げんき》が湧《わ》いてきたのです。

改《あらた》めて〝言葉の力〟を認識《にんしき》し、これからの人生《じんせい》に生《い》かしていこうと思っています。


（二〇一九年三月二十七日）

同居《どうきょ》の妹《いもうと》に感謝《かんしゃ》

東京都葛飾区
杉田　えり子（主婦　六十六歳）

大好《だいす》きな母《はは》が、今年《ことし》二月《がつ》に九十九歳《さい》の誕生日《たんじょうび》を迎《むか》えました。約《やく》二〇年前《ねんまえ》に父《ちち》が亡《な》くなった時《とき》は、まだ元気《げんき》とはいえ、高齢《こうれい》になった母の一人暮《ひとりぐ》らしを私《わたし》も心配《しんぱい》しました。

そんな中《なか》、五年ほど前に妹《いもうと》が仕事《しごと》を辞《や》め、母と一緒《いっしょ》に暮《く》らしてくれることに。さらに母の役《やく》に立《た》つようにと、自《みずか》ら介護《かいご》の仕事に就《つ》いたのです。

そして妹が仕事のある日《ひ》は、母にデイサービスを利用《りよう》してもらうなど、なるべく母を一人にしないように工夫《くふう》してくれました。

いつも楽《たの》しくデイサービスに通《かよ》っていた母ですが、徐々《じょじょ》に足腰《あしこし》が弱《よわ》まり、昨年《さくねん》からは車椅子《くるまいす》の生活《せいかつ》に。夜間《やかん》も体《からだ》の痛《いた》みを訴《うった》えることがあるようで、同居《どうきょ》で介護する妹に対《たい》して、私は頭《あたま》の下《さ》がる思《おも》いでいっぱいです。

このたびは妹の発案《はつあん》で、母の〝百寿《ひゃくじゅ》〟をお祝《いわ》いすることになりました。孫《まご》やひ孫《まご》など総勢《そうぜい》四〇人《にん》ほどが集《あつ》まり、皆《みな》に笑顔《えがお》で応《こた》える母の姿《すがた》を見《み》て、涙《なみだ》があふれました。

お母《かあ》さん、いつまでも長生《ながい》きしてね。そして改《あらた》めて、妹に感謝《かんしゃ》。いつもありがとう！

（二〇一九年三月二十七日）

桜《さくら》の咲《さ》く季節《きせつ》に

熊本市東区
小屋　ヒロ子（会社員　七十二歳）

母《はは》が八十七歳《さい》で永眠《えいみん》したのは、今《いま》から一五年前《ねんまえ》。当時《とうじ》は子《こ》どもの教育《きょういく》費《ひ》のために働《はたら》きながら、母を介護《かいご》しました。

胃《い》がんの手術《しゅじゅつ》を受《う》けた後《あと》、逆流性食道炎《ぎゃくりゅうせいしょくどうえん》に悩《なや》まされた母に、自宅《じたく》や病《びょう》院《いん》で寄《よ》り添《そ》うこと一〇年――。母には「元気《げんき》になったらハワイに行《い》こう」などと励《はげ》まし続《つづ》けました。また、娘も五年間、母を見舞い励ましてくれました。

お世話《せわ》になる介護職《しょく》の気持《きも》ちが分《わ》かるようにと、私《わたし》は仕事《しごと》の合間《あいま》を縫《ぬ》って勉強《べんきょう》し、ヘルパーの資格《しかく》を取得《しゅとく》。医師《いし》や看護師《かんごし》とも、日頃《ひごろ》から意思《いし》の疎通《そつう》をよく図《はか》りました。食事《しょくじ》では母の好物《こうぶつ》を考えて、赤飯《せきはん》や煮《に》しめなどを用意《ようい》したこともあります。それでも、日《ひ》に日《ひ》に弱《よわ》りゆく母を見《み》ると悲《かな》しく、自分《じぶん》の無力《むりょく》さを感《かん》じた場面《ばめん》もありました。

そんな時《とき》、介護生活《せいかつ》で母が語《かた》ってくれた、「あなたがいるから私は生《い》きていける」との言葉《ことば》に、どれだけ救《すく》われた思《おも》いをしたか計《はか》り知《し》れません。

今でも懐《なつ》かしく思《おも》い起《お》こすのは、桜《さくら》の咲《さ》く季節《きせつ》になると、毎年《まいとし》のように、車椅子《くるまいす》を押《お》して母と一緒《いっしょ》にお花見《はなみ》をしたことです。

お母《かあ》さん、私に介護させてくれて、本当《ほんとう》にありがとう！

（二〇一九年四月三日）

世話《せわ》になる順番《じゅんばん》

さいたま市北区
小泉　秀子（主婦　五十歳）

義兄《ぎけい》と暮《く》らしていた義母《ぎぼ》が、がんの手術《しゅじゅつ》や肺炎《はいえん》から体力《たいりょく》が落《お》ち、私《わたし》たちと同居《どうきょ》することになりました。

最初《さいしょ》は義母もわが家《や》で入浴《にゅうよく》できたので、ヘルパーが付《つ》き添《そ》いを。家《いえ》での入浴が困難《こんなん》になってからは、通《かよ》い始《はじ》めたデイサービスで入浴してもらいました。義母は糖尿病《とうにょうびょう》や糸球体腎炎《しきゅうたいじんえん》を患《わずら》い、食事《しょくじ》は塩分《えんぶん》とタンパク質《しつ》に制限《せいげん》が。配食《はいしょく》サービスを利用《りよう》したり、食事制限用《よう》のカタログから取《と》り寄《よ》せたりして、少《すこ》しでも栄養《えいよう》を取《と》ってもらう工夫《くふう》をしました。

日中《にっちゅう》は私が見守《みまも》り、夜中《よなか》は仕事帰《しごとがえ》りの夫《おっと》が排《はい》せつの介助《かいじょ》を。やがて、このままでは私たち夫婦《ふうふ》が〝共倒《ともだお》れ〟になってしまうと思《おも》い、義母を施《し》設《せつ》に預《あず》けることになったのです。

亡《な》くなる数日前《すうじつまえ》も、好物《こうぶつ》の刺《さ》し身《み》を食《た》べて喜《よろこ》んでいた義母は、家族《かぞく》やきょうだいに見守られて旅立《たびだ》ちました。

「まさか、こんなに世話《せわ》になるとは思わなかった」と語《かた》っていた義母。私は「年《とし》を取るのは順番《じゅんばん》だから。いつか私も子《こ》どもの世話になるんだよ」と答《こた》えたのを覚《おぼ》えています。

思いがけず同居することになった義母に、せめてもの〝親孝行《おやこうこう》〟ができたのではないかと思っています。

（二〇一九年四月三日）

大《だい》満《まん》足《ぞく》と解《かい》放《ほう》感《かん》

群馬県伊勢崎市
清野　一江（七十七歳）

最後《さいご》まで在宅介護《ざいたくかいご》を希望《きぼう》していた父《ちち》が、旅立《たびだ》ってから約《やく》二年半《ねんはん》。百六歳《さい》でした。

念願《ねんがん》の百歳を過《す》ぎても自宅《じたく》にある運動器具《うんどうきぐ》を使《つか》い、根気《こんき》よく体力《たいりょく》づくりに励《はげ》んでいた父。「介護施設《しせつ》には絶対《ぜったい》に入《はい》らないぞ」と拒《こば》んでいました。

あまり歩《ある》けなくなった父は、時折《ときおり》、わが家《や》に遊《あそ》びに来《き》てくれる私《わたし》の友《ゆう》人《じん》たちと話《はな》すのが楽《たの》しかったようです。

下《しも》の世話《せわ》までしていた私とは、ケンカが日常茶飯事《にちじょうさはんじ》でも、お互《たが》いにストレスもなく、よく笑《わら》ったり怒《おこ》ったりの生活《せいかつ》を楽しく過ごせたと思《おも》います。

父は一人《ひとり》になるのが寂《さび》しかったようで、いつも「そばにいてくれるだけでいい」と。私には、買《か》い物《もの》に出掛《でか》ける以外《いがい》に自由《じゆう》な時間《じかん》はありませんでしたが、父のそばで介護できたことに大満足《だいまんぞく》です。

とはいえ、今《いま》は寂しさよりも、介護からの〝解放感《かいほうかん》〟に感謝《かんしゃ》する毎日《まいにち》です。お父《とう》さん、ありがとうね。


（二〇一九年四月三日）

あと五年《ねん》で百歳《さい》

山口県下関市
高橋　静子（パート　七十三歳）

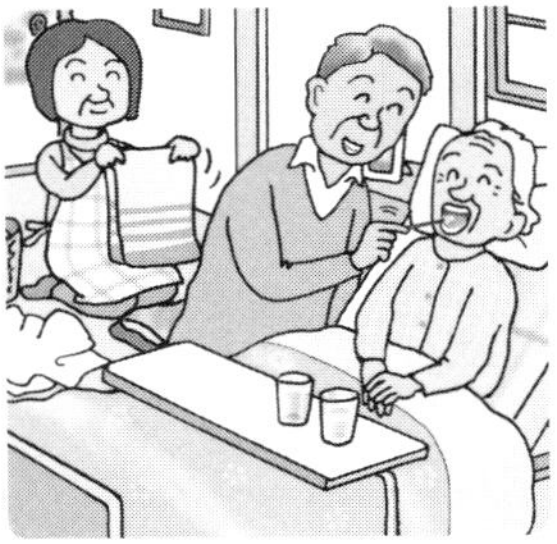

〝育《そだ》ててもらった恩返《おんがえ》しを！〟と決意《けつい》し、認知症《にんちしょう》の母《はは》の在宅介護《ざいたくかいご》を始《はじ》めて一三年目《ねんめ》です。療養型医療施設《りょうようがたいりょうしせつ》で働《はたら》いた経験《けいけん》や、介護福祉士《ふくしし》の資格《しかく》を取得《しゅとく》したことから、介護への不安《ふあん》はありませんでした。

母を世話《せわ》してくれていた弟夫婦《おとうとふうふ》と〝バトンタッチ〟し、四二年ぶりとなる母との暮《く》らし。認知症特有《とくゆう》の問題行動《もんだいこうどう》も、夫《おっと》の協力《きょうりょく》を得《え》ながら乗《の》り越《こ》えています。

実《じつ》は、夫は以前《いぜん》に脳梗塞《のうこうそく》を患《わずら》い、左半身《ひだりはんしん》がまひしています。それでも、母との深《ふか》い縁《えん》を感《かん》じるようで、口腔《こうこう》ケアや食事介助《しょくじかいじょ》などを手伝《てつだ》ってくれるのです。私《わたし》が母にするのは主《おも》におむつ交換《こうかん》です。

六年前《まえ》から寝《ね》たきり状態《じょうたい》の母は、介護保険《ほけん》を利用《りよう》した訪問入浴《ほうもんにゅうよく》やリハビリ、医師《いし》による往診《おうしん》など、多《おお》くの方《かた》に支《ささ》えられています。

認知症のため会話《かいわ》もできなくなった母ですが、顔色《かおいろ》は良《よ》く、訪《おとず》れた方々《かたがた》から「今年《ことし》九十五歳《さい》にはとても見《み》えない」とよく言《い》われます。

母の百歳まで、あと五年――これが夫と私の目標《もくひょう》です。今《いま》、介護に燃《も》えています。

（二〇一九年四月三日）

お母《かあ》さんを頼《たの》む

東京都板橋区
金森　チイ子（八十歳）

一昨年《いっさくねん》の十二月《がつ》に、五五年間《ねんかん》、苦楽《くらく》を共《とも》にしてきた夫《おっと》が肺《はい》がんで亡《な》くなりました。

その年《とし》の四月にがんが見《み》つかり、夫は余命《よめい》一週間《しゅうかん》と宣告《せんこく》されましたが、生《い》きることへの「希望《きぼう》」を決《けっ》して忘《わす》れませんでした。

抗《こう》がん剤《ざい》治療《ちりょう》を受《う》けながら、自宅《じたく》で穏《おだ》やかに過《す》ごす日々《ひび》。短《みじか》い間《あいだ》ですが、子《こ》どもたちとも〝家族《かぞく》の絆《きずな》〟を育《はぐく》むことができました。

夫は人《ひと》による介助《かいじょ》が必要《ひつよう》でも、大好《だいす》きな入浴《にゅうよく》ができると満足感《まんぞくかん》でいっぱいに。あの〝うれしそうな顔《かお》〟が今《いま》も私《わたし》の脳裏《のうり》に焼《や》き付《つ》いて離《はな》れません。

その後《ご》、再入院《さいにゅういん》することとなり、医師《いし》から緩和《かんわ》ケアを勧《すす》められた時《とき》はショックでした。

家族に囲《かこ》まれた夫は「ありがとう。お母《かあ》さんを頼《たの》むよ」と言葉《ことば》を残《のこ》し、眠《ねむ》るように息《いき》を引《ひ》き取《と》りました。

普段《ふだん》は口数《くちかず》の少《すく》なかった夫が、最期《さいご》に私のことを心配《しんぱい》してくれていたと思《おも》うと、涙《なみだ》が止《と》まりません。妻《つま》として介護《かいご》できたことは、今でも〝かけがえのない思《おも》い出《で》〟として輝《かがや》いています。


（二〇一九年四月三日）

伝《つた》えたい思《おも》い

大分県中津市
皆本　勝寛（アパート業　六十九歳）

昨年秋《さくねんあき》に重《おも》い心臓《しんぞう》の病《やまい》で倒《たお》れた母《はは》は、九十三歳《さい》の今《いま》も病院《びょういん》に入院《にゅういん》し、闘病《とうびょう》しています。

それまでの約《やく》五年間《ねんかん》は、介護施設《かいごしせつ》に通《かよ》ったり泊《と》まったりして過《す》ごしていた母。三年前《ねんまえ》には、私《わたし》と姉《あね》たちの三人《にん》に囲《かこ》まれ、卒寿《そつじゅ》を祝《いわ》うこともできました。

今は会話《かいわ》もままならない母ですが、以前《いぜん》の元気《げんき》だった頃《ころ》は、父《ちち》の他界《たかい》後《ご》に私と一七年ほど同居《どうきょ》したことも。いろいろな話《はなし》をしてくれた母の姿《すがた》を懐《なつ》かしく思《おも》い出《だ》します。

母に介護が必要《ひつよう》となってから、私は近《ちか》くに住《す》む二人《ふたり》の姉ともよく連絡《れんらく》を取《と》り合《あ》うようになり、きょうだいの仲《なか》がいっそう良《よ》くなったように感《かん》じます。

きょうだいは交代《こうたい》で母のお見舞《みま》いに行《い》っていますが、私が病室《びょうしつ》を訪《おとず》れると母の喜《よろこ》ぶ様子《ようす》が伝わってきます。

親子《おやこ》の絆《きずな》があるからこそ、母をいとおしく思う日々《ひび》。今年《ことし》七月《がつ》に九十四歳になる母へ、伝えたい思いがあります。

「母《かあ》ちゃん、元気になって、またいっぱい話《はな》そう!」

（二〇一九年四月十日）

花《はな》の向《む》こうで

新潟県佐渡市
野尻　チエ（八十一歳）

脳出血《のうしゅっけつ》を発症《はっしょう》して寝《ね》たきりになった夫《おっと》が、七十九歳《さい》で亡《な》くなって四年《ねん》余《あま》り。四カ月間《げつかん》に及《およ》ぶ入院《にゅういん》の後《あと》、在宅《ざいたく》で一〇年ほど介護《かいご》しました。

夫は、右半身《みぎはんしん》がまひして会話《かいわ》も難《むずか》しく、食《た》べ物《もの》をうまくのみ込《こ》めないので「胃《い》ろう」を付《つ》けていました。

間《ま》もなく訪《おとず》れる、端午《たんご》の節句《せっく》を思《おも》い出《だ》すと涙《なみだ》が止《と》まりません。私《わたし》が童《どう》謡《よう》の「背《せい》くらべ」を夫のそばで歌《うた》うと、一緒《いっしょ》に口《くち》ずさんでくれたのです。夫は「うーうー」と、なんとか声《こえ》を出《だ》そうとする様子《ようす》。楽《たの》しかった、子《こ》どもの頃《ころ》に戻《もど》っているかのようでした。

節分《せつぶん》には、私の「福《ふく》は内《うち》！」との掛《か》け声《ごえ》に合《あ》わせ、夫が動《うご》く方《ほう》の手《て》で力《ちから》いっぱい豆《まめ》をまいたことも。十五夜《じゅうごや》には、ススキを飾《かざ》って、夫婦《ふうふ》で月《つき》を眺《なが》めたりして楽しみました。

わが家《や》の庭《にわ》には、夫が育《そだ》ててきた季節《きせつ》の花《はな》が咲《さ》いています。今《いま》、庭の花々《はなばな》が風《かぜ》に揺《ゆ》られている姿《すがた》を見《み》ると、花の向《む》こうで夫が「頑《がん》張《ば》れよ」と笑顔《えがお》で言《い》ってくれているように思《おも》えてなりません。

（二〇一九年四月十日）

すてきな人生《じんせい》

大阪府東大阪市
円生　順子（看護師　七十八歳）

八十歳《さい》の夫《おっと》が肺《はい》がんで旅立《たびだ》ち、二年半余《ねんはんあま》り。決《けっ》して、仲《なか》が良《よ》いとは言《い》えない夫婦《ふうふ》でした。

通院《つういん》の電車《でんしゃ》や病院《びょういん》の待《ま》ち時間《じかん》などで、夫がぽつぽつと語《かた》る来《こ》し方《かた》や思《おも》い出《で》。やっと私《わたし》にもじっくり聞《き》く余裕《よゆう》が生《う》まれ、全《すべ》て受《う》け入《い》れてきました。

夫は痛《いた》みとの闘《たたか》いの中《なか》、どんな思《おも》いでいるのだろうか。〝本当《ほんとう》の看護《かんご》師《し》になろう〟と、自分自身《じぶんじしん》に言《い》い聞《き》かせる日々《ひび》でした。

最後《さいご》の三カ月《げつ》は、子《こ》どもたちの協力《きょうりょく》もあって、ずっと病室《びょうしつ》で付《つ》き添《そ》いました。「痛みでわがままを言って迷惑《めいわく》を掛《か》けた」と泣《な》く夫。「後《あと》の事《こと》は任《まか》せて」と優《やさ》しく話《はな》しました。

旅立つ前日《ぜんじつ》の朝《あさ》、夫は「世話《せわ》になったな。先《さき》に逝《い》くわ」と。二人《ふたり》で過《す》ごした一番大変《いちばんたいへん》な時期《じき》となりましたが、私は「すてきな人生《じんせい》をありがとう」と心《こころ》から言えました。

現在《げんざい》は夫の写真《しゃしん》に向《む》かって、「今《いま》、どんな感《かん》じ？　夢《ゆめ》で教《おし》えて」と、よく頼《たの》みます。

私の横《よこ》で穏《おだ》やかに、まひしたはずの手足《てあし》を動《うご》かす夫――最近《さいきん》見《み》た夢です。愛《あい》を込《こ》めて、本当にありがとう。

（二〇一九年四月十日）

〝強《つよ》い人《ひと》だな〟

東京都羽村市
波賀野　陽子（主婦　五十三歳）

昨年《さくねん》十二月《がつ》、近所《きんじょ》で暮《く》らす七十九歳《さい》の母《はは》が、ささいなことで腰椎《ようつい》を圧《あっ》迫骨折《ぱくこっせつ》してしまい、私《わたし》の〝プチ介護《かいご》〟が始《はじ》まりました。自宅療養《じたくりょうよう》する母を、父《ちち》と手分《てわ》けして世話《せわ》することになり、要介護認定《ようかいごにんてい》の手続《てつづ》きなどにも動《うご》きだしました。

ある日《ひ》、市役所《しやくしょ》へ介護の書類《しょるい》を出《だ》しに行《い》くと、担当者《たんとうしゃ》から「書類が足《た》りない」「委任状《いにんじょう》がもう一枚必要《まいひつよう》」などと言《い》われ、出直《でなお》すことがありました。

帰宅《きたく》した私は、物事《ものごと》が一回《かい》で済《す》まない不満《ふまん》を母に話《はな》しました。しかし、母は「よかったじゃない。一《ひと》つ勉強《べんきょう》になって」とニコニコしながら言うのです。

一瞬《いっしゅん》、私は〝誰《だれ》の代《か》わりに役所《やくしょ》へ何度《なんど》も足《あし》を運《はこ》んでいると思《おも》っているのか〟と腹《はら》が立《た》ちました。

でも振《ふ》り返《かえ》ると、これまでも母は、愚痴《ぐち》も言わずに腰《こし》の痛《いた》みにも耐《た》え、私には能天気《のうてんき》な発言《はつげん》を。つらいことがあっても明《あか》るく前向《まえむ》きなことに変《か》えてしまう母には、思わず〝強《つよ》い人《ひと》だな〟と笑《わら》ってしまいました。

「痛みが和《やわ》らいだら、やりたいことがたくさんある」と語《かた》り、リハビリに励《はげ》んでいる母。いつまでも応援《おうえん》しています。

（二〇一九年四月十日）

悔《くや》しさが感謝《かんしゃ》に

名古屋市中村区
嘉山　晴美（主婦　七十三歳）

母《はは》が亡《な》くなって今年《ことし》で六年《ねん》になります。母とは、私《わたし》が九歳《さい》、二人《ふたり》の弟《おとうと》が六歳と三歳の時《とき》、別《わか》れることに。いろいろと家《いえ》の事情《じじょう》があったのでしょう。その後《ご》、八十代《だい》になった母の一人《ひとり》暮《ぐ》らしが難《むずか》しくなり、再《ふたた》び私と同居《どうきょ》することとなりました。

当初《とうしょ》は二人で、よくけんかもしました。私の心《こころ》の中《なか》に〝子《こ》どもの頃《ころ》に置《お》いていかれた〟という悔《くや》しさがあったのだと思《おも》います。認知症《にんちしょう》で寝《ね》たきりになった母の食事《しょくじ》を介助《かいじょ》していると、母が私を自分《じぶん》の母親《ははおや》と間違《まちが》えて呼《よ》んだことも。よほど頼《たよ》りにしていたのかもしれません。

その母も九十二歳で亡くなり、一人で暮《く》らすこととなった私にとって、家の中《なか》がとても寂《さび》しくなりました。毎日《まいにち》、母の写真《しゃしん》に手《て》を合《あ》わせ、その日《ひ》にあったことを報告《ほうこく》しています。

母の最後《さいご》の八年間《ねんかん》をわが家《や》で世話《せわ》することができて、私は本当《ほんとう》によかったと思います。

そして、ようやく素直《すなお》に言《い》えるようになりました。「お母《かあ》さん、一緒《いっしょ》に暮らしてくれてありがとう！」

（二〇一九年五月一日）

最期《さいご》の瞬間《しゅんかん》まで

さいたま市中央区
髙野　聡子（看護師　五十六歳）

今年《ことし》二月《がつ》に夫《おっと》が五十九歳《さい》で他界《たかい》しました。

夫は三五年《ねん》にわたって〝透析生活《とうせきせいかつ》〟を送《おく》り、五十歳からは脊柱管狭窄《せきちゅうかんきょうさく》症《しょう》も患《わずら》い、車椅子《くるまいす》生活に。亡《な》くなる半年前《はんとしまえ》から腰《こし》の痛《いた》みが激《はげ》しく、ほぼ寝《ね》たきり状態《じょうたい》となり、それまで楽《たの》しんでいた読書《どくしょ》もままならなくなっていました。

そこで夫に頼《たの》まれたのが、私《わたし》が聖教新聞《せいきょうしんぶん》を音読《おんどく》してあげることです。欠《か》かさずに読《よ》んだのは「名字《みょうじ》の言《げん》」。さらに、読者《どくしゃ》から寄《よ》せられた介護《かいご》の体験談《たいけんだん》もお気《き》に入《い》りでした。夫は介護される側《がわ》ですが、共感《きょうかん》することがしばしばあったようです。

今思《いまおも》うと、私は夫の介護を〝嫌《いや》な顔《かお》〟一《ひと》つせず……とはいかず、後悔《こうかい》することばかり。ただ、夫の最期《さいご》が近《ちか》いと感《かん》じてからは、その瞬間《しゅんかん》までそばにいたいと願《ねが》ったものです。

つないだ私の手《て》を、握《にぎ》り返《かえ》す力《ちから》すらなくなった夫の顔は、まるで私に対《たい》して笑《わら》っているかのようでした。

私の願いをかなえてくれた夫の表情《ひょうじょう》を見《み》た時《とき》、あらためて感謝《かんしゃ》の思いでいっぱいになりました。

（二〇一九年五月一日）

大《たい》切《せつ》な一《いち》日《にち》一《いち》日《にち》

北九州市小倉北区
中村　博子（主婦　七十四歳）

昨年《さくねん》十月《がつ》に、がんが腸《ちょう》に転移《てんい》していたので手術《しゅじゅつ》を受《う》けました。その年《とし》の〝十二月までの命《いのち》〟と医師《いし》に言《い》われたこともありますが、まだ生《い》きている――。

後日《ごじつ》の診断《しんだん》で「寿命《じゅみょう》を延《の》ばすことができたのは確《たし》かです」と告《つ》げられた時《とき》は、どのように受《う》け止《と》めればいいのか分《わ》かりませんでした。

私《わたし》は今《いま》、生かされている――。

慣《な》れない家事《かじ》を懸命《けんめい》に行《おこな》い、役所《やくしょ》にも走《はし》り回《まわ》ってくれている夫《おっと》のことを思《おも》うと、少《すこ》しでも夫のそばにいるのが〝私の務《つと》め〟であると感《かん》じ、一《いち》日一日《にちいちにち》を大切に生きています。

自宅《じたく》で訪問看護《ほうもんかんご》などを受けながら、体調《たいちょう》の良《よ》い時には夫に料理《りょうり》を教《おし》えたり、友人《ゆうじん》と話《はな》したりして有意義《ゆういぎ》に過《す》ごしています。

また、わが家《や》にある見慣《みな》れたものに囲《かこ》まれて暮《く》らしているおかげで、いつも心《こころ》が落《お》ち着《つ》くのだと感じるようになりました。

今日《きょう》もまだ体《からだ》が動《うご》くことと、そんな私をお世話《せわ》して励《はげ》ましてくれる皆《みな》さまに、感謝《かんしゃ》する毎日《まいにち》です。

（二〇一九年五月一日）

施設《しせつ》と家族《かぞく》の力《ちから》

大阪市北区
奥田　公子（会社員　六十二歳）

義母《ぎぼ》は先月《せんげつ》、九十八歳《さい》になりました。要介護《ようかいご》2の状態《じょうたい》で、介護施設《しせつ》で暮《く》らすようになって、はや二年目《ねんめ》。以前《いぜん》は、ヘルパーさんらに助《たす》けてもらいながら一人《ひとり》で生活《せいかつ》していました。

しかし、足腰《あしこし》が弱《よわ》って介護が必要《ひつよう》となり、施設への入所《にゅうしょ》を考えるように。義母に寂《さび》しい思《おも》いをさせているのかと思うと、申《もう》し訳《わけ》ない気持《きも》ちになりました。

ただ、施設では職員《しょくいん》の方《かた》が二四時間《じかん》、義母を見守《みまも》ってくれ、食事《しょくじ》なども安心《あんしん》して任《まか》せられるので、家族はとても助かっています。

義母は二カ月《げつ》に一回程度《かいていど》、わが家《や》に泊《と》まりに来《き》てくれるので、孫《まご》たちをはじめ、家族《かぞく》との触《ふ》れ合《あ》いを楽《たの》しんでもらっています。

ケーキを囲《かこ》んで皆《みな》と写真《しゃしん》を撮《と》ったり、私《わたし》の料理《りょうり》を「おいしい！」と喜《よろこ》んでくれたりと、周《まわ》りからは元気《げんき》を取《と》り戻《もど》してきたように見《み》える義母。本人《ほんにん》も「来年《らいねん》のオリンピックを見るまでは死《し》ねない」と、決意《けつい》を語《かた》っています。

施設と家族の〝連携《れんけい》プレー〟で、一日《いちにち》でも義母が長生《ながい》きするようにと願《ねが》っています。


（二〇一九年五月一日）

要《よう》介《かい》護《ご》のトリオ

東京都葛飾区
北山　まり子（主婦　五十八歳）

自宅《じたく》から車《くるま》で三〇分《ぷん》程《てい》度《ど》の所《ところ》に住《す》む義父母《ぎふぼ》は、認知症《にんちしょう》を発症《はっしょう》しているにもかかわらず、デイサービスやヘルパーを利用《りよう》しながら、二人《ふたり》で生活《せいかつ》していました。

ところが今年《ことし》、義母《ぎぼ》は骨折《こっせつ》した大腿骨《だいたいこつ》の手術《しゅじゅつ》を受《う》けるため長期《ちょうき》で入院《にゅういん》することになり、義父《ぎふ》と一緒《いっしょ》にわが家《や》で暮《く》らすこととなったのです。

私《わたし》は自分《じぶん》が障《しょう》がい者《しゃ》で体《からだ》が不自由《ふじゆう》なため、これまで義父母を気《き》に掛《か》けながらも、あまり会《あ》いに行《い》くことができずにいました。

でも、この機会《きかい》に〝義父母への恩返《おんがえ》し〟をしたいと考《かんが》えています。

わが家には今《いま》、実母《じつぼ》も住んでいて、義父と私を含《ふく》めて、三人《にん》とも要介《ようかい》護《ご》の状態《じょうたい》。私たちは「要介護トリオ」と称《しょう》して、皆《みな》で仲良《なかよ》く暮らしています。

これから先《さき》も、さまざま困難《こんなん》な〝壁《かべ》〟にぶつかると思《おも》いますが、あれこれ考えていても心配《しんぱい》ばかりになってしまうので、今日《きょう》も無事《ぶじ》に楽《たの》しく過《す》ごすことを心掛《こころが》けながら、笑顔《えがお》で前進《ぜんしん》します！

（二〇一九年五月一日）

たくさん会《あ》いに

仙台市宮城野区
酒井　寿子（主婦　七十三歳）

三七年間勤《ねんかんつと》めた職場《しょくば》を退職《たいしょく》した私《わたし》が、「これからは自分《じぶん》の時間《じかん》を楽《たの》しもう」と思《おも》い始《はじ》めた時《とき》のこと。待《ま》っていたかのように、当時《とうじ》八十六歳《さい》の母《はは》が腰椎《ようつい》を圧迫骨折《あっぱくこっせつ》し、介護《かいご》が必要《ひつよう》となりました。

要《よう》介護認定《にんてい》の手続《てつづ》きや在宅《ざいたく》介護で忙《いそが》しくなった私は、心《こころ》に余裕《よゆう》がなくなり、母に対《たい》して口調《くちょう》が強《つよ》くなるたびに後悔《こうかい》する日々《ひび》。七年《ねん》ほどたち、愚痴《ぐち》が多《おお》くなった頃《ころ》、ケアマネジャーから「介護はプロに任《まか》せた方《ほう》が良《よ》いのではないか」とアドバイスを受《う》けました。

母は今《いま》、介護施設《しせつ》で暮《く》らしています。当初《とうしょ》は、家族《かぞく》の介護を〝人任《ひとまか》せ〟にすることに罪悪感《ざいあくかん》を抱《いだ》きましたが、私はその分《ぶん》、母に会《あ》いに行《い》く回数《かいすう》を増《ふ》やすことに。昔《むかし》の話《はなし》などをすると、母は「認知症《にんちしょう》の予防《よぼう》になる」と喜《よろこ》んでくれます。

現在《げんざい》九十六歳の母は、老《お》いを受《う》け入《い》れながらも笑顔《えがお》を絶《た》やさず、施設のスタッフに感謝《かんしゃ》することで信頼関係《しんらいかんけい》を築《きず》いているようです。

そんな母の姿《すがた》は、私にとって今なお大《おお》きな存在《そんざい》です。いつまでも長生《ながい》きしてね。

（二〇一九年五月二十二日）

人《ひと》の優《やさ》しい支《ささ》え

大阪市平野区
西尾　キミ子（主婦　七十九歳）

夫《おっと》は家《いえ》の中《なか》で転《ころ》んでから急激《きゅうげき》に体《からだ》の機能《きのう》が衰《おとろ》え、車椅子生活《くるまいすせいかつ》となりました。どうやって病院《びょういん》に連《つ》れて行《い》こうかと私《わたし》が悩《なや》んでいると、ある友人《ゆうじん》が介護《かいご》タクシーを頼《たの》むと便利《べんり》だと、その会社《かいしゃ》の連絡先《れんらくさき》を教《おし》えてくれたのです。

早速《さっそく》、電話《でんわ》をかけると快《こころよ》く応対《おうたい》してくれ、女性《じょせい》ドライバーがわが家《や》に。

「急《きゅう》な出来事《できごと》で大変《たいへん》だったでしょう」と優《やさ》しく声《こえ》を掛《か》けられた時《とき》は、不《ふ》安《あん》が一気《いっき》に解消《かいしょう》されたような気分《きぶん》になりました。

介護タクシーは、車椅子に座《すわ》ったままでも乗《の》り降《お》りしやすく、とても助《たす》かります。また彼女《かのじょ》は、私に「介護でストレスをためないように」とアドバイスもしてくれ、その心遣《こころづか》いに感謝《かんしゃ》しました。

今《いま》も通院《つういん》のたびに、彼女の笑顔《えがお》と親切《しんせつ》な対応《たいおう》に接《せっ》することは励《はげ》みになっています。

私の〝老老介護《ろうろうかいご》〟は始《はじ》まったばかりですが、ますます高齢化《こうれいか》が進《すす》む社《しゃ》会《かい》では、私たちのような夫婦《ふうふ》が増《ふ》えるのではないでしょうか。

人《ひと》の優しさに支《ささ》えられながら、これからも夫婦で頑張《がんば》っていきたいと思《おも》います。

（二〇一九年五月二十二日）

母《はは》に学《まな》んだこと

千葉県船橋市
小倉　みどり（主婦　八十一歳）

八年前《ねんまえ》、母《はは》は百二歳《さい》の尊《とうと》い人生《じんせい》を穏《おだ》やかに終《お》えました。

長年《ながねん》、兄夫婦《あにふうふ》と一緒《いっしょ》に暮《く》らし、とりわけ、義姉《ぎし》の工夫《くふう》した食事《しょくじ》を喜《よろこ》んで食《た》べていた母。桃《もも》のように血色《けっしょく》の良《よ》い頰《ほお》が、その幸《しあわ》せぶりを物語《ものがた》っていました。

近《ちか》くに住《す》む私《わたし》は、仕事《しごと》の帰《かえ》りに寄《よ》ったり、よく孫《まご》を連《つ》れて行《い》ったりしたことも。母との会話《かいわ》は、うれしい報告《ほうこく》や楽《たの》しい話題《わだい》にしようと心掛《こころが》けました。

そして、母の髪《かみ》は、いつも私がカットを。母に「耳《みみ》は切《き》らないでね」などとユーモアを交《まじ》えながら言《い》われたものですが、切り終えると「よくできたねえ」と喜ばれたことを思《おも》い出《だ》します。

体《からだ》が思うように動《うご》かなくなった母は、日々感《ひびかん》じたことを和歌《わか》に書《か》きとめていました。

風優《かぜやさ》し　野辺《のべ》の蓮華《れんげ》も花開《はなひら》き　我勇《われいさ》み立《た》ち　誓《ちか》い忘《わす》れず

最後《さいご》まで平和《へいわ》を祈《いの》り続《つづ》けていた母――介護《かいご》とは「本人《ほんにん》の楽しみに共感《きょうかん》し、できることを褒《ほ》め、生《い》きていることを後押《あとお》しする」ということであると、母から学《まな》びました。

（二〇一九年五月二十二日）

〝幕《まく》〟の下《お》ろし方《かた》

愛媛県松山市
森岡　由美子（パート　六十七歳）

二人《ふたり》の母《はは》との別《わか》れは義母《ぎぼ》が一〇年前《ねんまえ》、実母《じつぼ》が七年前。ともに最後《さいご》の半《はん》年近《としちか》くは、病院《びょういん》での入院生活《にゅういんせいかつ》でした。

義母の入院中《ちゅう》、私《わたし》は仕事《しごと》が終《お》わると毎日《まいにち》、病院へ。義母が心細《こころぼそ》い思《おも》いをしていないかと心配《しんぱい》し、お見舞《みま》いに通《かよ》いました。

そうした中《なか》で旅立《たびだ》ちを迎《むか》え、告別式《こくべつしき》となった日《ひ》は、なんと義母の誕生《たんじょう》日《び》。斎場《さいじょう》では関係者《かんけいしゃ》らに許可《きょか》をもらい、孫《まご》やひ孫《まご》たちがバースデーソングを歌《うた》って見送《みおく》りました。

一方《いっぽう》、父《ちち》の他界後《たかいご》、近所《きんじょ》で一人暮《ひとりぐ》らしを続《つづ》けていた実母は、脳腫瘍《のうしゅよう》を発症《はっしょう》。私が「何《なに》も心配することないよ。最後まで面倒《めんどう》を見《み》てあげるから」と言《い》うと、母は「うれしい」と喜《よろこ》んでくれました。この時《とき》の会話《かいわ》は、今《いま》も宝《たから》の思《おも》い出《で》です。

母が他界した日は、なんと父の祥月命日《しょうつきめいにち》。わが家《や》の過去帳《かこちょう》では、同《おな》じ日に両親《りょうしん》が仲良《なかよ》く並《なら》んでいます。

母は病院のベッドで横《よこ》になりながら、自《みずか》らが望《のぞ》むタイミングで、人生《じんせい》という〝舞台《ぶたい》〟の幕《まく》を下《お》ろしたかのようでした。

看病《かんびょう》させてもらった二人の母には、心《こころ》の底《そこ》から「ありがとう！」と伝《つた》えたいです。

（二〇一九年五月二十二日）

「おいしいで」

大阪府守口市
田中　昭義（フリーライター　七十八歳）

母《はは》は今年《ことし》九十七歳《さい》。三〇年前《ねんまえ》に父《ちち》が他界《たかい》し、京都《きょうと》の実家《じっか》で一人暮《ひとりぐ》らしを続《つづ》けています。わが家《や》での同居《どうきょ》を勧《すす》めても、母は住《す》み慣《な》れた地域《ちいき》がよいらしく「うん」とは言《い》いません。

週四日《しゅうかか》は介護施設《かいごしせつ》に泊《と》まり、残《のこ》りの三日は家《いえ》で過《す》ごしている母。足腰《あしこし》が弱《よわ》くなり炊事《すいじ》が困難《こんなん》なため、母が家にいる日《ひ》は、私《わたし》が泊《と》まり掛《が》けで食《しょく》事《じ》の世話《せわ》を。車《くるま》で山《やま》を越《こ》え二時間《じかん》ほどの実家に通《かよ》い、かれこれ三年になります。

懸命《けんめい》に三度三度《さんどさんど》の献立《こんだて》を考えても、味《あじ》や軟《やわ》らかさに関《かん》して、母から合格点《ごうかくてん》をもらうのは容易《ようい》ではありません。母から「これ、おいしいで」と言われると、うれしくて〝星三《ほしみっ》つ〟もらった気分《きぶん》です。

母においしく食《た》べてもらいたいと、新聞《しんぶん》やインターネットなどで得《え》た情報《じょうほう》をヒントに、独自《どくじ》のレシピを考えることは私の楽《たの》しみにもなりました。

母のかかりつけ医《い》は言います。「お母《かあ》さんは百歳まで元気《げんき》に生《い》きる」と。その頃《ころ》、私は八十代《だい》となり、もはや〝超《ちょう》〟が付《つ》くほどの老老《ろうろう》介護――お互《たが》いに「長生《ながい》きできて、よかったね」と言い合《あ》えるよう、これからも健康第一《けんこうだいいち》で頑張《がんば》らんと！

（二〇一九年六月五日）

母《はは》の心《こころ》に包《つつ》まれ

岐阜県多治見市
児島　雅子（主婦　六十八歳）

地域《ちいき》の皆《みな》さまと一緒《いっしょ》にコーラスや絵手紙《えてがみ》を楽《たの》しんでいた母《はは》が、家《いえ》の中《なか》で転《ころ》んだのを機《き》に七年前《ねんまえ》から介護《かいご》が必要《ひつよう》となりました。

それまで私《わたし》は〝母がいつまでも元気《げんき》でいるもの〟と思《おも》い込《こ》んでいたので、衰《おとろ》えていく母をなかなか受《う》け入《い》れられませんでした。

そんな私に、母は愚痴《ぐち》や文句《もんく》を言《い》うこともなく、温《あたた》かく受《う》け止《と》めてくれました。当時《とうじ》、一番《いちばん》つらかっただろう母に、どれほど大《おお》きな心《こころ》で包《つつ》まれていたことかと思《おも》います。

母はデイサービスやショートステイでも、歌《うた》うのが好《す》きで皆《みな》から親《した》しまれていました。ケアマネジャーなどの専門家《せんもんか》をはじめ、私も多《おお》くの方々《かたがた》に恵《めぐ》まれたからこそ、在宅《ざいたく》で母を世話《せわ》することができたと感謝《かんしゃ》は尽《つ》きません。

今年《ことし》の春《はる》、母は病院《びょういん》のベッドで横《よこ》になりながら、孫《まご》やひ孫《まご》に囲《かこ》まれて九十一歳《さい》の誕生日《たんじょうび》を。私はお祝《いわ》いとして、しだれ桜《ざくら》をわが家《や》の庭《にわ》に植《う》えました。

その桜《さくら》のつぼみが膨《ふく》らみ、サンシュユの黄色《きいろ》い花《はな》が咲《さ》き誇《ほこ》る頃《ころ》、母は「ありがとう」の言葉《ことば》を残《のこ》し永眠《えいみん》しました。私も母のように、最後《さいご》まで朗《ほが》らかに生《い》きたいと思っています。

（二〇一九年六月五日）

〝忘《わす》れる幸《しあわ》せ〟

北海道小樽市
岡部　良子（七十歳）

一四年前《ねんまえ》、九十五歳《さい》の母《はは》が七年間《ねんかん》の在宅介護《ざいたくかいご》を経《へ》て旅立《たびだ》ちました。しばらくの間《あいだ》〝私《わたし》の介護に母は満足《まんぞく》していたのだろうか〟と悩《なや》んでいると、聖教新聞《せいきょうしんぶん》の記事《きじ》が目《め》に留《と》まりました。

「介護に教科書《きょうかしょ》はありません。〝自分流《じぶんりゅう》〟を見《み》つけたら、それが一番《いちばん》です。そして、介護が終《お》わったら一〇〇点《てん》だと思《おも》ってください」

「親《おや》がいなくなった後《あと》でも親孝行《おやこうこう》はできます。親が喜《よろこ》ぶような生《い》き方《かた》をすれば良《よ》い」

この言葉《ことば》にどれほど救《すく》われたことか——。

母との貴重《きちょう》な七年。初《はじ》めは思うように介護できず泣《な》き、友人《ゆうじん》から借《か》りた本《ほん》で学《まな》んで試行錯誤《しこうさくご》するうち、徐々《じょじょ》に慣《な》れていきました。

認知症《にんちしょう》の母は、私を妹《いもうと》だと思ったり、すぐにいなくなったりし、「〇〇がない」と騒《さわ》ぐこともありました。

娘《むすめ》たちは、昔《むかし》のおばあちゃんとは違《ちが》う姿《すがた》を見て、老《お》いるとはどういうことか学んだでしょう。〝忘《わす》れる幸《しあわ》せ〟もあることを知《し》ったのは、母のおかげです。そんな私も母の年齢《ねんれい》まで、あと二五年。これまで脳梗塞《のうこうそく》や乳《にゅう》がんを発症《はっしょう》しましたが、今《いま》も元気《げんき》です。母への感謝《かんしゃ》を忘れず、笑顔《えがお》で過《す》ごしたいと思います。

（二〇一九年六月五日）

すてきな時間《じかん》

茨城県東海村
木村　恵子（主婦　六十七歳）

桜咲《さくらさ》く穏《おだ》やかな春《はる》の日《ひ》に、九十二歳《さい》で亡《な》くなった母《はは》の一周忌《いっしゅうき》の法要《ほうよう》を親族《しんぞく》と行《おこな》いました。

お墓参《はかまい》りをしていると「ホーホケキョ」とウグイスが鳴《な》きだし、その凛《りん》とした爽《さわ》やかな鳴《な》き声《ごえ》は、まるで、母が「私《わたし》は元気《げんき》よ！」と言《い》っているかのように聞《き》こえました。

思《おも》えば、介護施設《かいごしせつ》に入《はい》った母を、私は毎日《まいにち》のように訪《たず》ねました。一緒《いっしょ》にテレビで相撲《すもう》を見《み》たり、私がスケッチブックに描《か》いた童謡《どうよう》の絵《え》を見せながら歌《うた》ったりしたことも。母の車椅子《くるまいす》を押《お》して散歩《さんぽ》し、四季《しき》の花《はな》を見て回《まわ》ったこともあります。

何《なん》て楽《たの》しく、幸《しあわ》せな時間《じかん》だったことか。母は私を、姉《あね》だと思い込《こ》んでいるようでした。三姉妹《しまい》の末《すえ》っ子《こ》として育《そだ》った母は、子《こ》どもの頃《ころ》にしていたように、姉《ねえ》さんに甘《あま》えていたのかもしれません。

お母《かあ》さん、私を産《う》んでくれて、そして最後《さいご》まで、すてきな時間をありがとう！　お母さんから授《さず》かった命《いのち》を、これからも大切《たいせつ》に使《つか》わせていただきます。

（二〇一九年六月五日）

助《たす》けてくれる人《ひと》

埼玉県新座市
大谷　直巳（自営　四十六歳）

元気《げんき》だった母《はは》が、昨年《さくねん》の春《はる》に脳内出血《のうないしゅっけつ》で倒《たお》れました。以前《いぜん》から私《わたし》は、聖教新聞《せいきょうしんぶん》の介護《かいご》の記事《きじ》を読《よ》んで〝自分《じぶん》もいつか、介護する日《ひ》が来《く》るんだろうな〟などと思《おも》っていましたが、その日《ひ》は突然《とつぜん》に訪《おとず》れたのです。

左半身《ひだりはんしん》まひとなった母は、病院《びょういん》に半年《はんとし》ほど入院《にゅういん》してリハビリにも励《はげ》み、退院《たいいん》できることに。本格的《ほんかくてき》な在宅《ざいたく》介護が始《はじ》まりました。

自宅《じたく》にいる父《ちち》も、長年《ながねん》の仕事《しごと》による疲《つか》れからか、体調《たいちょう》が良《よ》くない様子《ようす》。それでも父は、母の喜《よろこ》ぶ顔《かお》を楽《たの》しみにしながら、スーパーで刺《さ》し身《み》などを買《か》ってきてくれています。

平日《へいじつ》の昼《ひる》、母はデイサービスに行《い》き、私はその間《あいだ》に仕事を。幸《さいわ》い妹《いもうと》が介護の仕事をしているので、介護サービスの利用方法《りようほうほう》など私の分《わ》からないことを教《おし》えてもらいました。

周《まわ》りには、介護経験者《けいけんしゃ》や助《たす》けてくれる方《かた》がいるものです。介護の悩《なや》みを一人《ひとり》で抱《かか》えずに「助けてください」と言《い》えると、介護者の心《こころ》と体《からだ》の負《ふ》担《たん》が軽《かる》くなるのを実感《じっかん》しました。

これからも、周りの方々《かたがた》に感謝《かんしゃ》の気持《きも》ちを伝《つた》えつつ、父と妹と共《とも》に母の介護をしていきたいと思います。

（二〇一九年六月五日）

施《し》設《せつ》でも慕《した》われ

兵庫県西宮市
太田　悦子（主婦　七十六歳）

老人《ろうじん》ホームで暮《く》らして五年《ねん》になる義母《ぎぼ》は、大正生《たいしょうう》まれの白寿《はくじゅ》。私《わたし》が嫁《とつ》いで半世紀以上《はんせいきいじょう》ですが、約《やく》四〇年間《ねんかん》は二世帯住宅《せたいじゅうたく》で楽《たの》しく一緒《いっしょ》に住《す》んでいました。

ただ、自室《じしつ》が三階《かい》にあった義母は、八十代《だい》になると階段《かいだん》でよく足《あし》を踏《ふ》み外《はず》すように。家族《かぞく》の心配《しんぱい》や本人《ほんにん》の希望《きぼう》もあり、皆《みな》でマンションに転居《てんきょ》しました。住《す》み慣《な》れた地《ち》を離《はな》れるのは義母も不安《ふあん》そうでしたが、足などを骨折《こっせつ》して寝《ね》たきりにならないようにと考《かんが》えたのです。

ところが義母は、筋力《きんりょく》や認知機能《にんちきのう》の衰《おとろ》えが目立《めだ》つように。以前《いぜん》の同居《どうきょ》では、義母も家事《かじ》を担《にな》っていましたが、私が「楽《らく》をさせてあげたい」と思《おも》って全《すべ》て行《おこな》うようにしたことが、本人の能力《のうりょく》を奪《うば》ってしまったようです。

義母も自《みずか》らの異変《いへん》を感《かん》じていました。専門家《せんもんか》に相談《そうだん》し、今後《こんご》の生活《せいかつ》について家族会議《かいぎ》を何度《なんど》も開《ひら》き、施設《しせつ》でお世話《せわ》してもらうこととなりました。

施設では最年長《さいねんちょう》として慕《した》われている義母。いつも感謝《かんしゃ》を述《の》べるので〝ありがとうおばあちゃん〟と呼《よ》ばれ、家族が会《あ》いに行《い》くと笑顔《えがお》で迎《むか》えてくれます。

（二〇一九年六月二十六日）

再《ふたた》び口《くち》から食事《しょくじ》

仙台市太白区
梅澤　信子（主婦　七十七歳）

昨年《さくねん》、誤嚥性肺炎《ごえんせいはいえん》で入院《にゅういん》した夫《おっと》は、口《くち》から食事《しょくじ》ができなくなり、鼻《はな》からの「経管栄養《けいかんえいよう》」になりました。以前《いぜん》に患《わずら》った脳梗塞《のうこうそく》の後遺症《こういしょう》で、話《はな》すことも思《おも》うようにできず、イライラして管《くだ》を抜《ぬ》いてしまうこともありました。

やがて体《からだ》の状態《じょうたい》は要介護《ようかいご》5となり、医師《いし》から「余命《よめい》わずか」と。私《わたし》は同居《どうきょ》の娘家族《むすめかぞく》に背中《せなか》を押《お》され、自宅《じたく》での介護を決意《けつい》しました。

退院《たいいん》した夫は、在宅医療《ざいたくいりょう》と訪問看護《ほうもんかんご》の方《かた》に支《ささ》えられ、体調《たいちょう》が少《すこ》しずつ改善《かいぜん》。半年《はんとし》ほどたった昨年末《さくねんまつ》、医師から「管を抜いて、口から食《た》べてみましょう」と言《い》われたのです。

再《ふたた》び口から食べられるのが夢《ゆめ》のようで、皆《みな》で大喜《おおよろこ》び。夫は右利《みぎき》きですが、今《いま》は左手《ひだりて》でスプーンを持《も》ち、とろみのある〝介護食《しょく》〟などを食べています。

茶《ちゃ》の間《ま》のベッドで、庭《にわ》に咲《さ》く花《はな》を見《み》たり、懐《なつ》かしい歌《うた》を聴《き》いたりして楽《たの》しむ夫。「じいちゃん大好《だいす》き」と頬《ほお》を寄《よ》せ、何《なに》か手伝《てつだ》おうとする幼《おさな》い孫《まご》たちを格別《かくべつ》の笑顔《えがお》で迎《むか》えます。

介護は多忙《たぼう》ですが、永《なが》らえた命《いのち》に感謝《かんしゃ》し、夫と暮《く》らせる日々《ひび》を大切《たいせつ》にしていきます。


（二〇一九年六月二十六日）

母《はは》は〝勇気《ゆうき》の源《みなもと》〟

名古屋市緑区
山本　明美（主婦　六十八歳）

九十五歳《さい》の同居《どうきょ》の母《はは》は、二年前《ねんまえ》にアルツハイマー型《がた》認知症《にんちしょう》と診断《しんだん》されましたが、デイサービスに通《かよ》いながら元気《げんき》に過《す》ごしています。病気《びょうき》の進行《しんこう》に伴《ともな》い、簡単《かんたん》なこともできなくなった母を見《み》るのは、やはりショックです。毎日《まいにち》の着替《きが》えなども、私《わたし》が一《ひと》つ一《ひと》つの動作《どうさ》を丁寧《ていねい》に教《おし》えないと自分《じぶん》ではできません。

ただし徘徊《はいかい》はなく、母一人《ひとり》で留守番《るすばん》ができるので、私と夫《おっと》は外出《がいしゅつ》することができます。出掛《でか》ける際《さい》、母に「行《い》ってくるね。留守番をお願《ねが》いします」と言《い》うと、笑顔《えがお》で「はい」と返《かえ》してくれるのです。

思《おも》えば、地域《ちいき》で活動《かつどう》に励《はげ》む私たち夫婦《ふうふ》を、昔《むかし》から快《こころよ》く送《おく》り出《だ》してくれたのが母であり、そんな母に尊敬《そんけい》の念《ねん》を抱《いだ》いてきたもの。

先日《せんじつ》の聖教新聞《せいきょうしんぶん》に、脳科学者《のうかがくしゃ》のアドバイスとして、認知症になっても「家族《かぞく》への愛情《あいじょう》など、その人《ひと》がもともと持《も》っていた感情《かんじょう》が作《つく》る『その人らしさ』は消《き》えない」とありましたが、母の姿《すがた》を見て〝その通《とお》りだ〟とうれしくなりました。

私も夫も健康《けんこう》で元気に頑張《がんば》ることが、母の喜《よろこ》びにつながると確信《かくしん》する日々《ひび》――「はい」という母の声《こえ》が、私の〝勇気《ゆうき》の源《みなもと》〟です。

（二〇一九年六月二十六日）

素晴《すば》らしい経験《けいけん》

京都市南区
森岡　久恵（主婦　七十五歳）

末期《まつき》のがんを患《わずら》った夫《おっと》は二年前《ねんまえ》、病《やまい》が進行《しんこう》して入院先《にゅういんさき》の医師《いし》から「その日《ひ》は明日《あす》かもしれません」と言《い》われたことがあります。

動揺《どうよう》を見《み》せない夫の姿《すがた》を目《ま》の当《あ》たりにし、私《わたし》は〝最期《さいご》まで家《いえ》で面倒《めんどう》を見よう〟と決意《けつい》。自宅《じたく》で訪問診療《ほうもんしんりょう》と訪問看護《かんご》を受《う》けられることは前から知《し》っていましたが、設備《せつび》の整《ととの》った病院《びょういん》ではないことに不安《ふあん》もあったのです。

でも、訪問を担当《たんとう》してくれた医師や看護師《かんごし》は親切《しんせつ》な方《かた》ばかりで、夫の容体《ようだい》が悪化《あっか》しても的確《てきかく》に助言《じょげん》してくれ、不安は解消《かいしょう》。介護《かいご》に疲《つか》れた私や同居《どうきょ》の長男《ちょうなん》を気遣《きづか》ってくれるなど、患者《かんじゃ》だけでなく家族《かぞく》もケアされているように感《かん》じたものです。

また、近《ちか》くに住《す》む次男《じなん》が夫のおむつを交換《こうかん》したり、滋賀《しが》で暮《く》らす娘《むすめ》が孫《まご》と訪《おとず》れてくれたりと、家族の協力《きょうりょく》にも感謝《かんしゃ》を。まだ幼《おさな》い孫は〝じいじ〟が弱《よわ》っていく姿を見て、戸惑《とまど》いながらも手《て》を握《にぎ》ったり、声《こえ》を掛《か》けたりして寄《よ》り添《そ》っていきました。

大好《だいす》きな夫は昨年《さくねん》、旅立《たびだ》ちましたが、家族に素晴《すば》らしい経験《けいけん》と大切《たいせつ》な思《おも》い出《で》をたくさん残《のこ》してくれました。

（二〇一九年六月二十六日）

「私《わたし》は勝《か》った」

兵庫県姫路市
岩崎　さつき（会社役員　六十五歳）

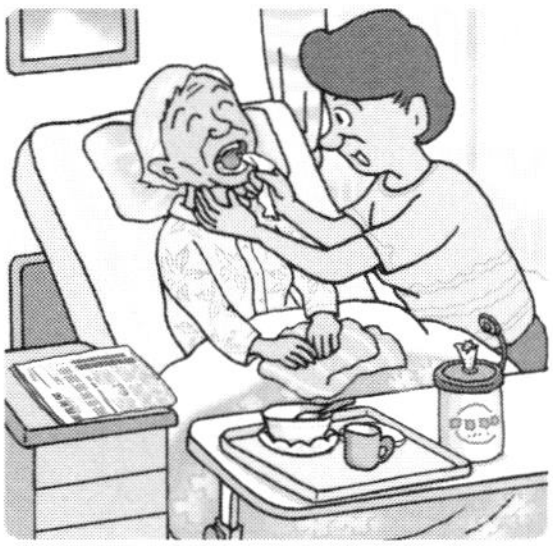

昨年《さくねん》六月《がつ》、母《はは》は圧迫骨折《あっぱくこっせつ》で病院《びょういん》に入院《にゅういん》したものの、リハビリに励《はげ》み、元気《げんき》に過《す》ごしていました。入院中《ちゅう》に九十九歳《さい》の誕生日《たんじょうび》を迎《むか》え、たくさんのスタッフから、お祝《いわ》いの寄《よ》せ書《が》きやお花《はな》を頂《いただ》きました。

ようやく退院《たいいん》したのもつかの間《ま》、数日後《すうじつご》に母は自宅《じたく》のベッドから転落《てんらく》してしまい、救急搬送《きゅうきゅうはんそう》されることに。大腿骨《だいたいこつ》を骨折し、すぐに手術《しゅじゅつ》となりました。

やがて一カ月《げつ》余《あま》りがたち、回復《かいふく》に向《む》かっていた頃《ころ》、今度《こんど》はがんが見《み》つかったのです。医師《いし》によると「原発不明《げんぱつふめい》で転移《てんい》している」とのこと。家族《かぞく》は母が高齢《こうれい》ということもあり、本人《ほんにん》には病名《びょうめい》を伏《ふ》せることにしました。

そして、訪問診療《ほうもんしんりょう》と訪問看護《かんご》を受《う》ける自宅療養《りょうよう》に切《き》り替《か》え、最後《さいご》まで家《いえ》で世話《せわ》することを決断《けつだん》しました。

母の退院後は、朝《あさ》は私《わたし》がタオルで顔《かお》を拭《ふ》いてあげ、食後《しょくご》には口内洗浄《こうないせんじょう》を。おむつ交換《こうかん》は大変《たいへん》でしたが、車椅子《くるまいす》の母と散歩《さんぽ》して楽《たの》しんだりもしました。

退院から二週間《しゅうかん》余りとなる昨年十一月、母は霊山《りょうぜん》に旅立《たびだ》ちました。最後に「私は勝《か》った」と言《い》い残《のこ》して。本当《ほんとう》に素晴《すば》らしい人生《じんせい》だったと思《おも》います。

（二〇一九年七月三日）

懐《なつ》かしさと感謝《かんしゃ》

石川県内灘町
徳田　和子（主婦　八十七歳）

夫《おっと》が旅立《たびだ》って五年《ねん》の月日《つきひ》が流《なが》れました。

生前《せいぜん》は突然《とつぜん》の病《やまい》で左半身《ひだりはんしん》まひ、嚥下不良《えんげふりょう》、言語障害《げんごしょうがい》となるもリハビリに励《はげ》み続《つづ》けた夫。口《くち》の開《あ》け方《かた》、唾《つば》ののみ込《こ》み方などを練習《れんしゅう》し、自分《じぶん》で食《た》べられるようになりました。また、発声《はっせい》練習では片言《かたこと》ながら話《はな》せるようにも。退院《たいいん》の間際《まぎわ》には「母《はは》」の曲《きょく》を何《なん》とか歌《うた》うことができ、スタッフの皆《みな》さんから拍手《はくしゅ》をもらいました。

その後《ご》、在宅介護《ざいたくかいご》の生活《せいかつ》が始《はじ》まり、家族《かぞく》が「父《とう》さん」「じいちゃん」と声《こえ》を掛《か》けるたびに、夫はうれしそうに「ありがとう」と。デイサービスのない晴《は》れた日《ひ》には、夫の車椅子《くるまいす》を押《お》し、散歩《さんぽ》に出掛《でか》けたりもしました。すると、グラウンドゴルフやカラオケ、囲碁《いご》など、元《げん》気《き》だった頃《ころ》の〝趣味仲間《しゅみなかま》〟から声を掛けられる夫。その時《とき》にも「ありがとう」と答《こた》えていました。

夫とゆっくり語《かた》り合《あ》うこともできました。夫婦《ふうふ》として〝かけがえのないひととき〟を過《す》ごしたのを懐《なつ》かしく思《おも》い出《だ》すとともに、多《おお》くの方《かた》に支《ささ》えられたことへの感謝《かんしゃ》の思《おも》いでいっぱいです。

介護を通《とお》して、家族や親族《しんぞく》の絆《きずな》も一層強《いっそうつよ》くなりました。「お父《とう》さん、ありがとう！」

（二〇一九年七月三日）

義父《ぎふ》との思《おも》い出《で》

大阪府箕面市
小松　一成（六十歳）

近《ちか》くで一人暮《ひとりぐ》らしをしていた義父《ぎふ》は、足腰《あしこし》が弱《よわ》くなってきたこともあり、二年《ねん》ほど前《まえ》に私《わたし》たち夫婦《ふうふ》が同居《どうきょ》をして介護《かいご》することとなりました。少《すこ》し気難《きむずか》しい義父。ただ、日《ひ》に日《ひ》に足《あし》が動《うご》かなくなる姿《すがた》は、見《み》る側《がわ》にもつらいものが。私は、義父が自《みずか》ら「生《い》きていてよかった」と思《おも》ってくれることを、自分《じぶん》の生きがいにして介護に当《あ》たろうと決意《けつい》しました。

すると、嫌《いや》だった下《しも》の世話《せわ》や、深夜《しんや》の呼《よ》び出《だ》しも苦《く》にならなくなり、むしろ、「もっとわがままを言《い》ってほしい」と思えるように。便《べん》が出《で》ない様子《ようす》なら、指《ゆび》を入《い》れて出《だ》してあげたこともあります。

そんな義父が「悪《わる》いなあ……」と言いつつ喜《よろこ》んでくれた時《とき》こそ、私には〝尽《つ》くしてきてよかった〟と、心《こころ》から思える瞬間《しゅんかん》でした。

介護して一年となる昨年《さくねん》、義父は霊山《りょうぜん》へ。とことん尽くし抜《ぬ》いたこの期間《きかん》は、私たち夫婦にとって、今《いま》でも宝《たから》の思《おも》い出《で》となっています。

（二〇一九年七月三日）

写真《しゃしん》を見《み》るたび

栃木県塩谷町
上野　佳子（五十九歳）

母《はは》は認知症《にんちしょう》になって一〇年《ねん》で旅立《たびだ》ちました。八十四歳《さい》でした。今《いま》から一二年前《まえ》のことです。

私《わたし》も障《しょう》がいのある身《み》でありながら、当初《とうしょ》は五年ほど母を在宅《ざいたく》で介護《かいご》しました。でも、認知症の進行《しんこう》に対応《たいおう》し切《き》れなくなり、施設《しせつ》に入所《にゅうしょ》してもらいました。

長《なが》い間《あいだ》、母と二人《ふたり》で暮《く》らしてきたので、とても寂《さび》しく感《かん》じたものです。毎日《まいにち》、面会《めんかい》に行《い》き、母のリハビリを兼《か》ねた〝ボール遊《あそ》び〟をしたり、天《てん》気《き》の良《よ》い日《ひ》には施設の外《そと》に出《で》て、季節《きせつ》の花《はな》などを見《み》たりしました。

そして、母の写真《しゃしん》をたくさん撮《と》りました。施設の夏祭《なつまつ》りでお面《めん》を付《つ》けた様子《ようす》をカメラに収《おさ》めたり、運動会《うんどうかい》ではパン食《く》い競争《きょうそう》などにも母娘《ははこ》で積《せっ》極的《きょくてき》に参加《さんか》して楽《たの》しみました。また、散歩中《さんぽちゅう》に見つけた野辺《のべ》に咲《さ》く花を、母の髪《かみ》に飾《かざ》って撮ったこともあります。

母に施設に入所してもらったことで、私の心《こころ》にはゆとりができ、温《あたた》かく接《せっ》することができたと思《おも》います。

お金《かね》のかかることはしてあげられなかったけど、障がいのある私を支《ささ》えてくれた母に、少《すこ》しは恩返《おんがえ》しができたような気《き》がします。当時《とうじ》の写真を見るたびに、そう感じます。

（二〇一九年七月三日）

生《い》きている励《はげ》み

さいたま市西区
山下　幸子（主婦　六十二歳）

軽《かる》い認知症《にんちしょう》でしたが九十二歳《さい》まで、わが家《や》の近《ちか》くにある実家《じっか》で、草《くさ》むしり等《とう》をしながら暮《く》らしていた母《はは》。二年前《ねんまえ》に脳梗塞《のうこうそく》を発症《はっしょう》し、右半身《みぎはんしん》と言語《げんご》が不自由《ふじゆう》になり、現在《げんざい》は要介護《ようかいご》5と認定《にんてい》されています。

でも、私《わたし》たち家族《かぞく》は実家での介護を続《つづ》け、母の車椅子《くるまいす》生活《せいかつ》を支《ささ》えています。思《おも》うように話《はな》すことができない母の〝言《い》いたいこと〟が何《なん》となく分《わ》かるようにもなりました。

今年《ことし》の九月《がつ》で、母は九十五歳を迎《むか》えることに。目標《もくひょう》は百歳と皆《みな》で話していています。

今《いま》、母の仕事《しごと》は生《い》きること。生きているだけで、周《まわ》りの私たちがどれほど励《はげ》まされているか計《はか》り知《し》れません。

介護保険《ほけん》のおかげでレンタルベッドや訪問医療《ほうもんいりょう》、デイサービスを利用《りよう》しています。特《とく》にありがたいのは、何でも相談《そうだん》できるケアマネジャーと、優《やさ》しい看護師《かんごし》や医師《いし》、リハビリ等をしてくれる専門職《せんもんしょく》の方々《かたがた》です。

私には初《はじ》めての介護ですが、心強《こころづよ》い存在《そんざい》に感謝《かんしゃ》しています。


（二〇一九年七月三日）

夫婦《ふうふ》の強《つよ》さに

東京都世田谷区
外﨑　亮子（主婦　五十六歳）

結婚《けっこん》して三カ月後《げつご》、夫《おっと》は交通事故《こうつうじこ》に巻《ま》き込《こ》まれて障害者手帳《しょうがいしゃてちょう》一級《きゅう》の身《み》となり、私《わたし》の介護生活《かいごせいかつ》が始《はじ》まりました。

今年《ことし》で四半世紀《しはんせいき》になりますが、今《いま》では介護は生活の一部《いちぶ》で、ごく当《あ》たり前《まえ》の〝日常《にちじょう》〟となっています。

新婚《しんこん》の頃《ころ》は、互《たが》いに障《しょう》がいを受容《じゅよう》することが精《せい》いっぱいで介護も手探《てさぐ》りで行《おこな》い、気持《きも》ちの余裕《よゆう》など全《まった》くなく、不安《ふあん》に押《お》しつぶされそうな日々《ひび》でした。

今では、着替《きが》えや車椅子《くるまいす》の操作《そうさ》など、介護する側《がわ》と、される側の呼吸《こきゅう》がピタリと合《あ》います。わが家流《やりゅう》の方法《ほうほう》を見《み》つけ、自然《しぜん》とできるようになりました。

私たちは、気軽《きがる》にレジャーを楽《たの》しんだりすることはままなりませんが、一緒《いっしょ》に食事《しょくじ》や会話《かいわ》をする時間《じかん》は多《おお》く、夫婦《ふうふ》としての絆《きずな》は強《つよ》いと思《おも》います。介護を通《つう》じて、互いを理解《りかい》し合い、どんな困難《こんなん》も乗《の》り越《こ》えようと努力《どりょく》できるようにもなりました。もちろん、大変《たいへん》さもありますが、これからも「結婚して良《よ》かった」と思《おも》い続《つづ》けられるように、毎日《まいにち》過《す》ごしていきたいと考《かんが》えています。

（二〇一九年七月二十四日）

感謝《かんしゃ》の気持《きも》ち

大阪府交野市
八木　勝幸（自営　七十六歳）

岡山県津山市《おかやまけんつやまし》に住《す》んでいた母《はは》は、面倒《めんどう》を見《み》てきた病気《びょうき》の次男《じなん》が亡《な》くなり一人暮《ひとりぐ》らしになると、やがてこんなことを言《い》いだしました。

「財布《さいふ》が無《な》くなったから帰《かえ》ってきて」

私《わたし》は仕事《しごと》を終《お》え、夜中《よなか》に帰省《きせい》したこともあります。時《とき》には、母が上着《うわぎ》をズボンのように着用《ちゃくよう》していたことも。アルツハイマー型認知症《がたにんちしょう》だったのです。

母は渋《しぶ》っていた〝都会暮《とかいぐ》らし〟に前向《まえむ》きとなり、九十四歳《さい》の時、大阪《おおさか》に住む私たちと同居《どうきょ》。デイサービスにも通《かよ》い始《はじ》め、周《まわ》りに「ありがとう」とよく言うようになりました。家《いえ》では、母が深夜《しんや》に起《お》きて汚物《おぶつ》を部《へ》屋中《やじゅう》に付《つ》けるなど、大変《たいへん》な時期《じき》もありました。ショートステイを利用《りよう》し、手《て》が掛《か》からなくなった頃《ころ》、脳梗塞《のうこうそく》を発症《はっしょう》して入院《にゅういん》となったのです。

昨年《さくねん》九月《がつ》に百歳となり、孫《まご》たち一三人《にん》が病室《びょうしつ》に集《つど》い、盛大《せいだい》にお祝《いわ》いを。母は、とても穏《おだ》やかな顔《かお》で皆《みな》に応《こた》えてくれました。

そして、今年《ことし》三月に霊山《りょうぜん》へ。この六年間《ねんかん》の母との生活《せいかつ》に、感謝《かんしゃ》の気持《きも》ちしか湧《わ》いてきません。お母《かあ》さん、ありがとう！

また、支《ささ》えてくれたきょうだい、愚痴《ぐち》一《ひと》つ言わず介護《かいご》してくれた妻《つま》に感謝、感謝です。

（二〇一九年七月二十四日）

幸《しあわ》せな笑《わら》い声《ごえ》

埼玉県三芳町
八巻　ヨネ（主婦　八十四歳）

夫《おっと》は今年《ことし》九十歳《さい》。一〇年前《ねんまえ》からデイサービスに通《かよ》っていました。二年前に転倒《てんとう》して大腿骨《だいたいこつ》を骨折《こっせつ》し、病院《びょういん》で手術《しゅじゅつ》を受《う》けてリハビリに励《はげ》むも、歩行困難《ほこうこんなん》となって車椅子《くるまいす》生活《せいかつ》に。特別養護老人《とくべつようごろうじん》ホームに入所《にゅうしょ》しました。

一年目《め》は夫が「家《いえ》に帰《かえ》りたい」「いつ帰れるのか」と、私《わたし》の顔《かお》を見《み》ると言《い》いだす始末《しまつ》。私も面会《めんかい》に行《い》くのがつらく、切《せつ》ないと感《かん》じる日《ひ》もありました。

夫は徐々《じょじょ》に施設《しせつ》での暮《く》らしに慣《な》れ、要介護度《ようかいごど》も当初《とうしょ》の5から4に改善《かいぜん》。スタッフの適切《てきせつ》な優《やさ》しい対応《たいおう》に心《こころ》から感謝《かんしゃ》しています。

入所二年目の今年、夫はカラオケで民謡《みんよう》を歌《うた》ったり、習字《しゅうじ》や塗《ぬ》り絵《え》を楽《たの》しんだりと元気《げんき》いっぱい。とても満足《まんぞく》そうで、私との週《しゅう》一回《かい》の面会も楽しみにしてくれています。

夫の所《ところ》には、三人《にん》のわが子《こ》が孫《まご》を連《つ》れて行ったり、地域《ちいき》の方々《かたがた》が見舞《みま》いに訪《おとず》れたりする日も。笑《わら》い声《ごえ》の絶《た》えない時間《じかん》を過《す》ごし、夫は幸《しあわ》せだと思《おも》います。

いつも支《ささ》えてくれる皆《みな》さま方《がた》にお礼《れい》を申《もう》し上《あ》げます。本当《ほんとう》にありがとうございます。

（二〇一九年七月二十四日）

〝心《こころ》の癒《い》やし〟

石川県加賀市
大畑　加代子（美容師　六十九歳）

今年《ことし》九十五歳《さい》の義父《ぎふ》は、石川県《いしかわけん》の奥能登《おくのと》で一人暮《ひとりぐ》らしをしています。同《おな》じ県内《けんない》でも、わが家《や》から行《い》くと三時間《じかん》ほどかかる地域《ちいき》です。農家《のうか》として励《はげ》んできた義父は、身《み》の回《まわ》りのことをまだ自分《じぶん》でできる状態《じょうたい》。私《わたし》たち夫婦《ふうふ》は週《しゅう》に一回程度《かいていど》、生活《せいかつ》に必要《ひつよう》な物《もの》を届《とど》け、家事《かじ》を手伝《てつだ》うくらいなので助《たす》かっています。

毎年《まいとし》の「父《ちち》の日《ひ》」には、心《こころ》を込《こ》めた手紙《てがみ》を義父にプレゼント。今年は「元気《げんき》でいてくれて、ありがとうございます」と書《か》き、喜《よろこ》んでもらいました。近所《きんじょ》に親族《しんぞく》や友人《ゆうじん》もいる義父ですが、少《すこ》しでも〝心の癒《い》やし〟になればとつづっています。

一〇年前《ねんまえ》に旅立《たびだ》った義母《ぎぼ》にも、毎年の「母《はは》の日《ひ》」には手紙を贈《おく》り、喜んでもらった思《おも》い出《で》があります。現在《げんざい》は、義父が元気なうちに、できる限《かぎ》りのことをしたいと考《かんが》えています。

たびたび、夫《おっと》や義父からお礼《れい》を言《い》われますが、私は「家族《かぞく》だから当《あ》たり前《まえ》だ」と自分に言い聞《き》かせています。義父が〝生《い》きてきて良《よ》かった〟と思《おも》えることが、私の務《つと》めであると思うからです。

（二〇一九年七月二十四日）

明《あか》るく笑《わら》いも

大阪府柏原市
林　淳子（主婦　五十七歳）

今年《ことし》、同居《どうきょ》の実母《じつぼ》が霊山《りょうぜん》に旅立《たびだ》ちました。母《はは》は脳梗塞《のうこうそく》を患《わずら》って左半身《ひだりはんしん》がまひし、介護《かいご》が必要《ひつよう》に。家族《かぞく》は皆《みな》で協力《きょうりょく》して明《あか》るい介護を目指《めざ》しました。

例《たと》えば、私《わたし》は母の呼《よ》び鈴《りん》が鳴《な》ると、威勢《いせい》の良《よ》い店員《てんいん》さんのように「はい、喜《よろこ》んで!」と駆《か》け寄《よ》る時《とき》もあれば、手《て》が離《はな》せなくて「今《いま》は喜べませーん」と少《すこ》し待《ま》ってもらった時も。

夫《おっと》や息子《むすこ》たちは、何《なに》か頼《たの》み事《ごと》をする母に、「お世話《せわ》になった『仕返《しかえ》し』……ではなく、『恩返《おんがえ》し』しまーす」といった冗談《じょうだん》を。

こうした〝笑《わら》い〟のある介護の効果《こうか》か、寝《ね》たきり状態《じょうたい》だった母は介助《かいじょ》があれば歩行《ほこう》できるまでになり、周囲《しゅうい》を驚《おどろ》かせたものです。

四年半《ねんはん》に及《およ》んだ介護では、現実《げんじつ》の多忙《たぼう》さに心《こころ》の余裕《よゆう》がなくなり、私は何度《なんど》も限界《げんかい》を感《かん》じた場面《ばめん》もありました。

母と過《す》ごした日々《ひび》を振《ふ》り返《かえ》ると今、全《すべ》てが〝心の財産《ざいさん》〟になっていると思《おも》えるように。不思議《ふしぎ》にも生《い》きる力《ちから》が湧《わ》いてくるのです。

子《こ》や孫《まご》、ひ孫たちを育《はぐく》んでくれた母を介護できたことに、改《あらた》めて感謝《かんしゃ》の思いでいっぱいです。お母《かあ》さん、ありがとう！


（二〇一九年八月七日）

「頑《がん》張《ば》ったね」

埼玉県寄居町
大野　順一（七十三歳）

太陽《たいよう》のような笑顔《えがお》で友《とも》を励《はげ》ましていた妻《つま》が脳梗塞《のうこうそく》を患《わずら》ったのは、今《いま》から二一年前《ねんまえ》。一時《いちじ》は歩行《ほこう》が困難《こんなん》で、ろれつも回《まわ》らず、本人《ほんにん》もがくぜんとしていた。

だが、何事《なにごと》にも前向《まえむ》きな妻は、右半身《みぎはんしん》まひでも三カ月間《げつかん》の入院《にゅういん》とリハビリで、ゆっくりと歩《ある》けるまでに回復《かいふく》。食事《しょくじ》は毎朝《まいあさ》、私《わたし》が出勤前《しゅっきんまえ》に昼食《ちゅうしょく》分《ぶん》も用意《ようい》し、妻はリハビリを兼《か》ねて室内《しつない》を掃除《そうじ》するようになった。

以前《いぜん》から、妻には、毎日楽《まいにちたの》しみにしている習慣《しゅうかん》があった。聖教新聞《せいきょうしんぶん》の「わが友に贈《おく》る」をノートに書《か》き写《うつ》すことだ。病《やまい》に見舞《みま》われてからも、慣《な》れない左手《ひだりて》で丁寧《ていねい》に書《か》き、六十八歳《さい》で亡《な》くなるその日《ひ》まで続《つづ》けていた。

また、妻は山歩《やまある》きが好《す》きだったので、夫婦《ふうふ》で〝リハビリ登山《とざん》〟に挑戦《ちょうせん》したこともある。妻の性格《せいかく》を尊重《そんちょう》し、私は「介護《かいご》」の気持《きも》ちを抑《おさ》えながら見守《みまも》ったのも懐《なつ》かしい。私たちの登山の様子《ようす》は、テレビでも放送《ほうそう》された。

夫婦の絆《きずな》が一層強《いっそうつよ》まっていた三年前の春《はる》、近《ちか》くに咲《さ》く桜《さくら》をめでた妻は帰宅後《きたくご》、私の腕《うで》の中《なか》で急逝《きゅうせい》。若々《わかわか》しい笑《え》みを浮《う》かべていた。

私は「頑張《がんば》ったね。お疲《つか》れさまでした」と優《やさ》しく語《かた》り掛《か》けた。

（二〇一九年八月七日）

話《はなし》を聞《き》く熱意《ねつい》

愛知県津島市
田中　理香（主婦　四十七歳）

今年《ことし》五月《がつ》に、母《はは》は九十一歳《さい》で亡《な》くなりました。晩年《ばんねん》は認知症《にんちしょう》を患《わずら》っていましたが、常《つね》に周《まわ》りの人《ひと》を明《あか》るく照《て》らしてくれるような笑顔《えがお》で、私《わたし》も幸《しあわ》せなひとときを過《す》ごせました。

母がまだ元気《げんき》に一人暮《ひとりぐ》らしをしていた、九十歳の頃《ころ》のこと。子《こ》どものいない私たち夫婦《ふうふ》に「老後《ろうご》の面倒《めんどう》は、私が見《み》たる」と、冗談《じょうだん》交《ま》じりに言《い》っていたことが懐《なつ》かしいです。

その母が、今年春《はる》に入院《にゅういん》。食事《しょくじ》も取《と》れなくなり、最期《さいご》が迫《せま》っていることを知《し》りました。私は先輩方《せんぱいがた》から伺《うかが》っていたように、とにかく「母の話《はなし》を聞《き》くこと」に徹《てっ》しました。

実践《じっせん》して良《よ》かったと思《おも》うのは「何《なに》を言っているのか分《わ》からん」と済《す》まさず、聞く努力《どりょく》をしたこと。本当《ほんとう》に分からない時《とき》もありましたが、私の聞こうとする熱意《ねつい》が、母の話《はな》そうとする熱意になった、と確信《かくしん》しています。

最後《さいご》の一週間《しゅうかん》、母は何度《なんど》も「ありがとう」と言っていました。私こそ、母に「ありがとう」と伝《つた》えたいです。

（二〇一九年八月七日）

べっぴんさん！

京都市西京区
大八木　加代子（パート　七十歳）

認知症《にんちしょう》の母《はは》が、施設《しせつ》で暮《く》らすようになってから、五回目《かいめ》の誕生日《たんじょうび》を迎《むか》えました。

少《すこ》し前《まえ》は、娘《むすめ》の私《わたし》を「さん付《づ》け」で呼《よ》び、まるで嫁《よめ》に話《はな》しているかのようだった母。最近《さいきん》は、名前《なまえ》も呼んでくれませんが……。

「いやあ、べっぴんさん。よう似《に》てはる」と言《い》われ、「誰《だれ》に？」と返《かえ》せば「私に」と。

「お母《かあ》さんの子《こ》どもだからね（笑《わら》い）」

こんな会話《かいわ》を一緒《いっしょ》に楽《たの》しんでいます。

在宅介護《ざいたくかいご》をしていた時期《じき》を含《ふく》めると、介護生活《せいかつ》はもう一五年《ねん》ほど。今《いま》では、介護者《しゃ》の集《つど》いで自身《じしん》の体験《たいけん》を話すなど、ボランティア活動《かつどう》にも励《はげ》んでいます。

仕事《しごと》もあるので、母に会《あ》えるのは休日《きゅうじつ》くらいですが、母の笑顔《えがお》を見《み》ると、私も元気《げんき》に。カメラを向《む》けて母の名《な》を呼ぶと、満面《まんめん》の笑《え》みを見せてくれます。

亡《な》き父《ちち》に贈《おく》る写真《しゃしん》だからと言って見せた、九十六歳《さい》のすてきな笑顔。いやあ、お母さんこそべっぴんさんです。

（二〇一九年八月七日）

娘《むすめ》のおかげで

福岡市南区
原野　一臣（会社員　六十五歳）

私《わたし》は今《いま》、妻《つま》と知的障《ちてきしょう》がいのある娘《むすめ》との三人暮《にんぐ》らし。娘は昼間《ひるま》、施設《しせつ》に通《かよ》っていますが、家《いえ》では私たち親《おや》が介護《かいご》しています。入浴介助《にゅうよくかいじょ》などは年《とし》を取《と》るごとに、体力的《たいりょくてき》につらく感《かん》じます。先日《せんじつ》は、妻が〝介護疲《づか》れ〟で入院《にゅういん》。私は仕事《しごと》を休《やす》めずに困《こま》りましたが、訪問《ほうもん》ヘルパーに代《か》わりを頼《たの》めたので、とても助《たす》かりました。

同時《どうじ》に、それまで、家事《かじ》を妻に任《まか》せきりにしていた点《てん》を反省《はんせい》。娘には、そろそろ施設に入所《にゅうしょ》してもらうことを考《かんが》えていたので、今後《こんご》は〝悔《く》いのない介護〟を精《せい》いっぱいしようと決意《けつい》しました。

長男《ちょうなん》が老人《ろうじん》介護施設で、次男《じなん》は知的障がい者《しゃ》の施設で働《はたら》くなど、娘の介護を幼《おさな》い頃《ころ》から見《み》てきた息子《むすこ》たちも、大切《たいせつ》なものを感じたのでしょう。

これまで苦労《くろう》もたくさんありましたが、娘がいたからこそ、家族全員《かぞくぜんいん》が障がい者への理解《りかい》を深《ふか》めることができたと思《おも》います。もし娘がいなかったら、私たちは障がい者への思いやりを持《も》てないまま、人生《じんせい》が終《お》わっていたかもしれません。

そんな娘に、家族は心《こころ》から「ありがとう」と伝《つた》えたい。そして、日頃《ひごろ》から娘に関《かか》わってくれている全《すべ》ての方《かた》に感謝《かんしゃ》しています。

（二〇一九年八月七日）

母《はは》のプレゼント

大阪府箕面市
平畑　幸子（主婦　七十二歳）

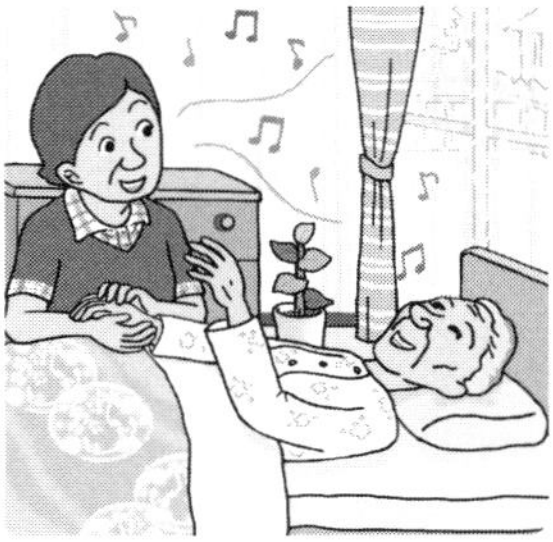

母《はは》と六年《ねん》ほど同居《どうきょ》していたが、認知症《にんちしょう》による徘徊《はいかい》が多《おお》くなり、近《ちか》くのグループホームで過《す》ごしてもらった。

ある日《ひ》、私《わたし》が訪《たず》ねると母は「帰《かえ》ろう」と。「うん。帰ろうね」と答《こた》えたが、二人《ふたり》とも、それはかなわぬ事《こと》だと分《わ》かっていた。

「お姉《ねえ》ちゃん、無理《むり》せんでええよ」とは、母ならではの気遣《きづか》い。父《ちち》と再《さい》婚《こん》した母は、弟《おとうと》のいる私を「お姉ちゃん」と呼《よ》んだ。

ベッドで横《よこ》になっている母の右手《みぎて》を握《にぎ》り、「母」の曲《きょく》を口《くち》ずさむと、母が骨折《こっせつ》してから動《うご》かさなかった左手《ひだりて》を伸《の》ばしてきた。

この曲を歌《うた》って勇気《ゆうき》を出《だ》し、数々《かずかず》の困難《こんなん》を乗《の》り越《こ》えてきた思い出《おもいで》がよみがえったのかもしれない。互《たが》いの心《こころ》が結《むす》ばれ、私は胸《むね》がいっぱいになった。

それが、三年前《まえ》に九十一歳《さい》の人生《じんせい》を全《まっと》うした、母からの〝最高《さいこう》のプレゼント〟である。

生前《せいぜん》は、どんな時《とき》も笑顔《えがお》を絶《た》やさなかった母のおかげで、父も私も、そして子《こ》どもたちも幸《しあわ》せだった。改《あらた》めて心から感謝《かんしゃ》したい。

何《なに》より、母のことを大切《たいせつ》に思《おも》い、誰《だれ》よりも率先《そっせん》して動いてくれた夫《おっと》には、最敬礼《さいけいれい》だ。

（二〇一九年八月二十八日）

「困《こま》ったもんじゃ」

愛媛県四国中央市
石川　美紀子（主婦　六十五歳）

昨年《さくねん》の夏《なつ》、母《はは》は九十七歳《さい》の人生《じんせい》を全《まっと》うし、はや一周忌《いっしゅうき》を迎《むか》えました。一七年前《ねんまえ》に長男《ちょうなん》を亡《な》くした母は、ショックで少《すこ》しずつ様子《ようす》が変《か》わりました。無《な》いものが見《み》えたり、親《した》しかった近隣《きんりん》とトラブルになったり……。

母は認知症《にんちしょう》になっていたのです。

私《わたし》は仕事《しごと》をしながら朝昼晩《あさひるばん》と、一人暮《ひとりぐ》らしの母の元《もと》へ通《かよ》う毎日《まいにち》。体が

〝限界《げんかい》〟に達《たっ》し、母を特別養護老人《とくべつようごろうじん》ホームに預《あず》けました。

それでも「これで、よかったのだろうか」という悩《なや》みが。施設《しせつ》の職員《しょくいん》から、母が笑顔《えがお》で「ありがとう」と言《い》うことを聞《き》いた時《とき》、ようやく安堵《あんど》しました。

その後《ご》、大腿骨《だいたいこつ》を骨折《こっせつ》して入院《にゅういん》した母は、食事《しょくじ》を嫌《いや》がるように。処方《しょほう》された薬《くすり》をのませるため、ゼリーに混《ま》ぜて母の口《くち》に入《い》れると、上手《じょうず》に薬だけをプッと飛《と》ばすありさま。私が「ここは病院《びょういん》です。お薬はのまないとイカンよ」と言うと、普段《ふだん》は会話《かいわ》もままならないのに「困《こま》ったもんじゃ」と言われたことは忘《わす》れられません。

母と過《す》ごした日々《ひび》は私の〝財産《ざいさん》〟です。何《なに》があっても、負《ま》けないことの大切《たいせつ》さを教《おし》えてもらいました。

お母《かあ》ちゃん、本当《ほんとう》にありがとう！

（二〇一九年八月二十八日）

変《か》わらないもの

埼玉県三郷市
中山　よし子（主婦　五十九歳）

今年《ことし》九十歳《さい》の義母《ぎぼ》が、認知症《にんちしょう》でグループホームに入所《にゅうしょ》してから一三年《ねん》がたちました。

私《わたし》が顔《かお》を見《み》せに行《い》くと、今《いま》でも自宅《じたく》に帰《かえ》りたい様子《ようす》の義母。同居《どうきょ》で二三年間《ねんかん》、苦楽《くらく》を共《とも》にしてきたわが家《や》は、義母にとって〝心《こころ》のふるさと〟なのだと感《かん》じています。

一方《いっぽう》、八十七歳の実母《じつぼ》はアルツハイマー病《びょう》と診断《しんだん》され、約《やく》七年前《まえ》から特別養護老人《とくべつようごろうじん》ホームに入所。穏《おだ》やかに〝自分《じぶん》の時間《じかん》〟を過《す》ごしているようです。

私自身《わたしじしん》、体調《たいちょう》の良《よ》くない日々《ひび》が続《つづ》き、二人《ふたり》の母《はは》の施設《しせつ》に頻繁《ひんぱん》に通《かよ》えず、親不孝《おやふこう》をわびるような気持《きも》ちになった時期《じき》もありました。

でも、それぞれの母を訪《たず》ねると、認知症になっても、その人《ひと》が持《も》っていた〝思《おも》いやりの心〟は変《か》わらないのだと確信《かくしん》するように。

義母は、私を見ると「体調悪《わる》いのかな？　あまり丈夫《じょうぶ》ではなかったからね」と気遣《きづか》いの言葉《ことば》を。実母は、私を娘《むすめ》と認識《にんしき》できなくても「久《ひさ》しぶりだね」と、うれしそうな顔で声《こえ》を掛《か》けてくれるのです。

以前《いぜん》は、分《わ》かってもらえないという寂《さび》しさばかりでしたが、また会《あ》いに行きたいと思います。

（二〇一九年八月二十八日）

諦《あきら》めず悔《く》いなく

神奈川県藤沢市
渡辺　美枝子（会社員 六十二歳）

昨年《さくねん》、夫《おっと》に胃《い》がんが見《み》つかり、手術《しゅじゅつ》を受《う》けました。術後《じゅつご》は快方《かいほう》へ向《む》かいましたが、今年《ことし》になって腸閉塞《ちょうへいそく》の手術を受けることに。その後《ご》は体力《たいりょく》も落《お》ち、ベッドの上《うえ》での生活《せいかつ》となったのです。

私《わたし》は介護休業《かいごきゅうぎょう》を取得《しゅとく》し、夫の介護に専念《せんねん》。体《からだ》が思《おも》うように動《うご》かない夫には、介助《かいじょ》が必要《ひつよう》でした。ただ、ベッドの上でも、夫の頭脳《ずのう》はフル回転《かいてん》。

電球《でんきゅう》の交換《こうかん》や保険《ほけん》の手続《てつづ》きなど、やるべきことを次々《つぎつぎ》と私に指示《しじ》し、おかげで助《たす》かりました。

他方《たほう》、介護の主導権《しゅどうけん》は私に握《にぎ》られているので「はいはい。〝渡辺看護《かんご》師《し》〟の言《い》う通《とお》りにしますよ」と、場《ば》を和《なご》ませてくれたことも。いつも「ありがとう」「美枝子《みえこ》がいてくれてよかった」と、感謝《かんしゃ》の言葉《ことば》をくれました。

そんな夫がこの夏《なつ》、安《やす》らかに霊山《りょうぜん》へ。夫の携帯電話《けいたいでんわ》には、御書《ごしょ》の一節《いっせつ》や、聖教新聞《せいきょうしんぶん》での池田先生《いけだせんせい》の言葉などが残《のこ》されていました。余命《よめい》を告《つ》げられた後《あと》も、諦《あきら》めずに闘《たたか》っていたのです。

私にとっても〝悔《く》いのない介護〟となった一年《ねん》二カ月《げつ》。今《いま》、新《あら》たな決《けつ》意《い》を込《こ》めて、夫に「ありがとう」の言葉を贈《おく》ります。

（二〇一九年八月二十八日）

妻《つま》への感謝《かんしゃ》と……

大阪府藤井寺市
大田　弘（六十五歳）

私《わたし》が四十七歳《さい》で発症《はっしょう》したのは、難病《なんびょう》の後縦靱帯骨化症《こうじゅうじんたいこっかしょう》で、その後《ご》は何《なん》度《ど》も手術《しゅじゅつ》を受《う》ける生活《せいかつ》になりました。

六十歳の頃《ころ》には、追《お》い打《う》ちをかけるように大腸《だいちょう》がんが見《み》つかり、手術後《ご》は高熱《こうねつ》に苦《くる》しむ入院《にゅういん》生活。自分《じぶん》でも、命《いのち》の危険《きけん》を感《かん》じたものです。

その頃、仕事《しごと》を続《つづ》けながら、病院《びょういん》へ見舞《みま》いに通《かよ》ってくれたのが、妻《つま》です。入院中《ちゅう》、人工肛門《じんこうこうもん》になった私には、同《おな》じ病《やまい》と闘《たたか》う体験《たいけん》が載《の》った新聞《しんぶん》の切《き》り抜《ぬ》きを持《も》って来《き》て、枕元《まくらもと》に。自宅《じたく》では、弱《よわ》っていく私の回復《かいふく》を懸《けん》命《めい》に祈《いの》ってくれました。

私も長男《ちょうなん》の結婚式《けっこんしき》が迫《せま》っていたので、人工肛門を使《つか》わない状態《じょうたい》で退院《たいいん》することを決意《けつい》。無事《ぶじ》、目標《もくひょう》を達成《たっせい》することができました。

難病で下半身《かはんしん》まひはありますが、こちらはリハビリの効果《こうか》で今《いま》では、つえがあれば一人《ひとり》で歩《ある》けるまでに。支《ささ》え続けてくれた家族《かぞく》、とりわけ妻には、感謝《かんしゃ》の思《おも》いが尽《つ》きません。

今後《こんご》はさらに元気《げんき》を取《と》り戻《もど》し、私が家族を支える〝恩返《おんがえ》し〟もできるようにと、ひそかに張《は》り切《き》っています。

（二〇一九年八月二十八日）

母《はは》のアルバイト

山梨県甲府市
秋山　栄子（主婦　六十八歳）

「今日《きょう》は八枚《まい》よ。お願《ねが》いしまーす」
私《わたし》が洗濯《せんたく》したタオルを義母《ぎぼ》に渡《わた》すと、一枚ずつ丁寧《ていねい》に畳《たた》んでくれます。干《ほ》し方《かた》が悪《わる》くてシワが多《おお》い時《とき》は、ダメ出《だ》しされることも。一〇枚以上《いじょう》の日《ひ》もありますが、黙々《もくもく》と畳みます。
実《じつ》はこれ、義母のアルバイト。タオル一枚につき一円《えん》です。

もう一つ行《おこな》うアルバイトは、食事《しょくじ》で残《のこ》ったおかずのラップ掛《か》け。一皿《ひとさら》一円ですが、朝昼晩《あさひるばん》の食事ごとなので、結構《けっこう》な数《かず》になります。晩ご飯《はん》の後《あと》、義母は電卓《でんたく》でその日《ひ》の働《はたら》きを計算《けいさん》。私が「今日も、ありがとうございました」とアルバイト料《りょう》を渡すと、孫《まご》からプレゼントされた貯金箱《ちょきんばこ》に笑顔《えがお》で入《い》れています。三年《ねん》ほど前《まえ》に始《はじ》めたこのアルバイトが、義母には「自分《じぶん》が家族《かぞく》の役《やく》に立《た》っている」と感《かん》じられ、毎日《まいにち》の張《は》り合《あ》いに。要介護度《ようかいごど》も5から4になりました。

今年《ことし》九十八歳《さい》の義母は車椅子《くるまいす》での生活《せいかつ》ですが、朝は私と一緒《いっしょ》に体操《たいそう》を行い、武田節《たけだぶし》などを歌《うた》って一日《にち》をスタート。大相撲《おおずもう》や野球《やきゅう》のテレビ観戦《かんせん》が好《す》きで、お気《き》に入《い》りの力士《りきし》や選手《せんしゅ》を全力《ぜんりょく》で応援《おうえん》しています。

百歳を目指《めざ》し、これからも共《とも》に楽《たの》しみながら支《ささ》えていきたいと思《おも》っています。

（二〇一九年九月四日）

うれしそうな声《こえ》

京都市伏見区
小泉　智子（主婦　六十三歳）

今年《ことし》は、九十歳《さい》で亡《な》くなった父《ちち》の三回忌《さんかいき》を迎《むか》えます。父の他界後《たかいご》、明朗《めいろう》で料理上手《りょうりじょうず》だった母《はは》が、一人《ひとり》暮《ぐ》らしでふさぎ込《こ》むようになり、心配《しんぱい》でした。

「娘家族《むすめかぞく》との同居《どうきょ》は気《き》を使《つか》うから……」と拒《こば》むので、私《わたし》たち姉妹《しまい》が交代《こうたい》で実家《じっか》に通《かよ》い、家事《かじ》を分担《ぶんたん》することにしました。

でも、母による火《ひ》の消《け》し忘《わす》れ等《とう》への不安《ふあん》が重《かさ》なり、皆《みな》で相談《そうだん》した結果《けっか》、「サービス付《つ》き高齢者住宅《こうれいしゃじゅうたく》」に入居《にゅうきょ》してもらったのです。

おかげで、母の三度《さんど》の食事《しょくじ》や夜間《やかん》の不安が解消《かいしょう》。姉妹で分担し、施設《しせつ》を訪《おとず》れた時《とき》は洗濯《せんたく》や入浴介助《にゅうよくかいじょ》などの他《ほか》、母の好《す》きなコーヒーも淹《い》れています。

気を遣《つか》い過《す》ぎるせいか、ヘルパーに介助を頼《たの》まない母。入浴では私が母の背中《せなか》を流《なが》し、ドライヤーで髪《かみ》を乾《かわ》かしてあげると「あー、いい気持《きも》ち！　ありがとう。ありがとう」と何度《なんど》も言《い》います。

こうした母のうれしそうな声《こえ》を聞《き》くと、私の方《ほう》こそ幸《しあわ》せな気持ちになります。お母《かあ》さん、ありがとう！　いつまでも長生《ながい》きしてね。

（二〇一九年九月四日）

〃息《いき》抜《ぬ》き〃も必《ひつ》要《よう》

神戸市垂水区
瀬川　美恵子（主婦　六十五歳）

夫《おっと》が事故《じこ》で寝《ね》たきり状態《じょうたい》になって、二十年《ねん》になります。入院生活《にゅういんせいかつ》の後《あと》、私《わたし》がずっと自宅《じたく》で介護《かいご》しています。

夫の体《からだ》にはまひがあり、寝返《ねがえ》りも、自分《じぶん》で食《た》べることもできない状態ですが、朗《ほが》らかな性格《せいかく》なので私は助《たす》かっています。

介護で一番大変《いちばんたいへん》だと思《おも》うのは、夜中《よなか》に起《お》こされること。「喉《のど》が渇《かわ》いた」

「耳《みみ》がかゆい」などと言《い》って起こされます。寝不足《ねぶそく》になると怒《いか》りの気持《きも》ちになり、優《やさ》しくできない時期《じき》がありました。

ケアマネジャーに話《はな》すと、ショートステイを紹介《しょうかい》され、今《いま》は月《つき》二回《かい》ほど行《い》ってもらっています。夫は「行きたくない」と言ったり、帰宅《きたく》すると「寂《さび》しかった」と涙《なみだ》ぐんだりすることもあります。

でも、介護を長《なが》く続《つづ》けるには〝息抜《いきぬ》き〟も必要《ひつよう》と痛感《つうかん》した私は、この時《とき》に友人《ゆうじん》と会《あ》ったり、庭《にわ》の手入《てい》れをしたりしてリフレッシュしています。心身《しんしん》共《とも》に健康《けんこう》であればこそ、優しい介護ができます。これからもいろいろあると思いますが、夫と一緒《いっしょ》に楽《たの》しく過《す》ごしていきます。

（二〇一九年九月四日）

温《あたた》かいメッセージ

大阪市港区
早川　壽枝（主婦　七十二歳）

九十四歳《さい》で旅立《たびだ》った母《はは》の三回忌《さんかいき》を終《お》えました。父《ちち》が亡《な》くなってから一人暮《ひとりぐ》らしだった母。八年《ねん》ほど前《まえ》に私《わたし》たち夫婦《ふうふ》と同居《どうきょ》してもらい、親子《おやこ》で過《す》ごしたのもつかの間《ま》、私ががんの病《やまい》に。二度《ど》の手術《しゅじゅつ》で心《こころ》が折《お》れそうでした。

友人《ゆうじん》から「あなたは幸《しあわ》せよ。私は親孝行《おやこうこう》したくても、もう親《おや》がいないんだから」と励《はげ》まされ、病魔《びょうま》に勝《か》とうと奮起《ふんき》しました。

その後《ご》、母はデイサービスに楽《たの》しそうに通《かよ》いましたが、大腿骨《だいたいこつ》を骨折《こっせつ》してからは、リハビリの施設《しせつ》に入所《にゅうしょ》。私が見舞《みま》いに訪《おとず》れると、「迎《むか》えに来《き》てくれたん？」と言《い》われ、帰《かえ》り道《みち》に涙《なみだ》をぬぐったことが忘《わす》れられません。

その頃《ころ》、母の枕元《まくらもと》には、訪《たず》ねた人《ひと》が書《か》き残《のこ》せる「メッセージ帳《ちょう》」が置《お》かれていました。母は家族《かぞく》だけでなく、多《おお》くの友人から励まされていたのです。

つづられた〝温《あたた》かな言葉《ことば》〟から、人として大切《たいせつ》なことを私も学《まな》ばせてもらいました。

これからは、一段《いちだん》と元気《げんき》になる決意《けつい》です。お母《かあ》さん、いつまでも優《やさ》しく見守《みまも》っていてくださいね。

（二〇一九年九月四日）

きょうだいの協力《きょうりょく》

埼玉県所沢市
谷井　育代（派遣社員　四十九歳）

母《はは》が若年性《じゃくねんせい》アルツハイマー病《びょう》と診断《しんだん》されたのは、五十六歳《さい》の時《とき》。父《ちち》と共《とも》に店《みせ》を営《いとな》みながら、四人《にん》の子《こ》どもを育《そだ》ててくれました。

私《わたし》は結婚後《けっこんご》、親《おや》との同居《どうきょ》を決意《けつい》。五年間《ねんかん》、私の両親《りょうしん》を共《とも》に支《ささ》えてくれた夫《おっと》には、心《こころ》から感謝《かんしゃ》しています。

また、成人《せいじん》後に家《いえ》を出《で》ていた弟《おとうと》が戻《もど》ってきてくれ、母の介護《かいご》を。昼間《ひるま》は徘徊《はいかい》が心配《しんぱい》なので、私と父が交代《こうたい》で散歩《さんぽ》に連《つ》れていき、夜間《やかん》は弟が見《み》守《まも》ってくれることになりました。

さらに、姉《あね》や妹《いもうと》の心強《こころづよ》い応援《おうえん》もあり、幼《おさな》い二人《ふたり》の子を抱《かか》えていた私には、きょうだいによる協力《きょうりょく》が大《おお》きな励《はげ》みでした。

私を「お母《かあ》さん」と呼《よ》ぶこともある母と、ある日《ひ》、手《て》をつないで近所《きんじょ》まで。下《した》を向《む》いて暗《くら》い表情《ひょうじょう》を浮《う》かべていた母が突然《とつぜん》、私の手を引《ひ》き、自《じ》分《ぶん》の友人宅《ゆうじんたく》に誘導《ゆうどう》したのです。

よほど、その友人に会《あ》いたかったのでしょう。母の目《め》は驚《おどろ》くほど輝《かがや》いていました。

今夏《こんか》で十三回忌《じゅうさんかいき》。病《やまい》と闘《たたか》う中《なか》で、命《いのち》の喜《よろこ》びを教《おし》えてくれた母。母の元《もと》に生《う》まれたことを幸《しあわ》せに思《おも》います。

（二〇一九年九月四日）

母《はは》のハーモニカ

埼玉県三郷市
高橋　光（七十歳）

母《はは》は九十四歳《さい》。三年前《ねんまえ》、一緒《いっしょ》に住《す》んでいた私《わたし》の兄夫婦《あにふうふ》が他界《たかい》し、一人《ひとり》暮《ぐ》らしとなりました。

その後《ご》、認知症《にんちしょう》で生活《せいかつ》が困難《こんなん》となり、介護施設《かいごしせつ》に預《あず》けることに。母も「一人より、にぎやかな方《ほう》がいい」と賛同《さんどう》してくれました。今《いま》は岩手県《いわてけん》で暮《く》らす母の元《もと》へ、月《つき》ごとに妻《つま》と交代《こうたい》で通《かよ》っています。

母と話《はな》すと、同《おな》じ話《はなし》を何度《なんど》も繰《く》り返《かえ》されて私は耐《た》えがたくなり、施設に通《かよ》うのを戸惑《とまど》う時期《じき》もありました。

小学校《しょうがっこう》の教員《きょういん》を三五年ほど務《つと》めた母。音楽《おんがく》が好《す》きで、自宅《じたく》には大切《たいせつ》にしまってあったハーモニカがありました。私は、このハーモニカを演奏《えんそう》し、母に聴《き》かせてみようと思《おも》ったのです。

ただし、人《ひと》に聴いてもらうほど上手《じょうず》ではなかったので、図書館《としょかん》で本《ほん》を借《か》りて練習《れんしゅう》を。今では一六曲《きょく》くらい吹《ふ》けるようになりました。

母の部屋《へや》は個室《こしつ》なので、周《まわ》りをあまり気《き》にしないで吹けます。今夏《こんか》は、母も声《こえ》を出《だ》して一〇曲ほど歌《うた》い、私には「楽譜《がくふ》を見《み》ずに、よく吹けるね」と褒《ほ》め言葉《ことば》も。曲によっては涙《なみだ》を流《なが》すこともあり、昔《むかし》を思《おも》い出《だ》しているのだと感《かん》じました。

これからも、元気《げんき》な母との〝思《おも》い出《で》のひととき〟を増《ふ》やしていきたいと思います。

（二〇一九年九月十一日）

心強《こころづよ》く支《ささ》えられ

島根県出雲市
野津　隆男（七十二歳）

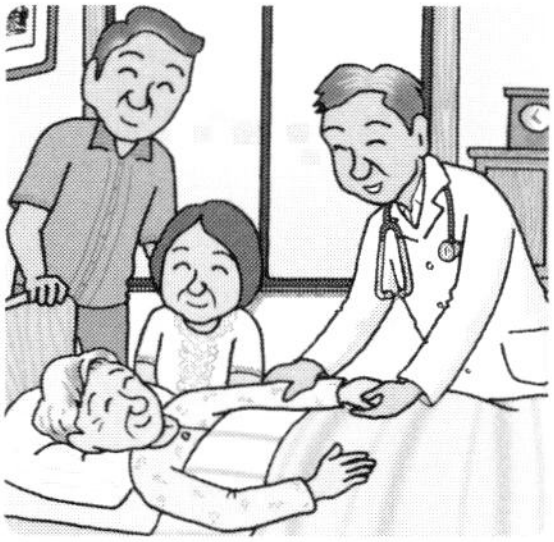

一四年《ねん》ほど前《まえ》、義母《ぎぼ》が九十歳《さい》を過《す》ぎ、妻《つま》の兄《あに》の家《いえ》では介護《かいご》が困難《こんなん》となり、わが家《や》でお世話《せわ》することになりました。

それから九十八歳で亡《な》くなるまでの約《やく》七年間《ねんかん》、デイサービスやショートステイ等《とう》も利用《りよう》しながら在宅《ざいたく》介護を続《つづ》けました。わが家で介護を続けられたのは、最初《さいしょ》に良《よ》いケアマネジャーとの出会《であ》いがあったから。実体《じったい》験《けん》による時宜《じぎ》にかなったアドバイスが、とても助《たす》かりました。

さらに、近《ちか》くにいるホームドクター（かかりつけ医《い》）の先生《せんせい》も、私《わたし》たち家族《かぞく》の大《おお》きな力《ちから》に。「おばあちゃんの体調《たいちょう》が悪《わる》くなったら、夜中《よなか》でも休日《きゅうじつ》でも電話《でんわ》してくださいね」と、心強《こころづよ》く支《ささ》えてくれたのです。

わが家に〝いつでも治療《ちりょう》に来《き》てくれる〟という安心感《あんしんかん》から、どれだけ心《こころ》が軽《かる》くなったか計《はか》り知《し》れません。

私の三人《にん》の子《こ》も泊《と》まり込《こ》みで義母に付《つ》き添《そ》い、大切《たいせつ》な時間《じかん》を皆《みな》で共有《きょうゆう》することができました。

そして、眠《ねむ》るように亡くなった義母。温《あたた》かく見送《みおく》れたことに、心から感謝《かんしゃ》しています。


（二〇一九年九月十一日）

「大《だい》丈《じょう》夫《ぶ》だよ」

北海道室蘭市
神田　明美（四十三歳）

私《わたし》は生《う》まれつき知的障《ちてきしょう》がいがあり、現在《げんざい》、母《はは》を介護《かいご》しています。父《ちち》は亡《な》くなる直前《ちょくぜん》、後《あと》に残《のこ》る母と私のことを心配《しんぱい》していました。父の死後《しご》、母は落《お》ち込《こ》みが激《はげ》しく、人《ひと》との関《かか》わりを絶《た》ったり、食事《しょくじ》をしなくなったりしました。居《い》ても立《た》ってもいられなくなった私は、ケアマネジャーに母の悩《なや》みを聞《き》いてもらいました。

母の入浴《にゅうよく》は私の介助《かいじょ》が必要《ひつよう》で、大変《たいへん》ですが頑張《がんば》っています。食事は歯《は》のない母のため、軟《やわ》らかくて薄味《うすあじ》のものを。母は「おいしい」と言《い》ってくれます。

日中《にっちゅう》は、つえの頭《あたま》の部分《ぶぶん》に掛《か》けるカバーを編《あ》んだり、塗《ぬ》り絵《え》をしたり。夜《よる》は、テレビで時代劇《じだいげき》などを見《み》ます。

就寝後《しゅうしんご》、母は何度《なんど》もトイレに起《お》きますが、足《あし》がふらついて転倒《てんとう》することもあるので、私が手《て》をつないで一緒《いっしょ》に行《い》きます。すると母は「ごめんね、明美。おまえに苦労《くろう》ばかり掛けて」と。私は「大丈夫《だいじょうぶ》だよ」と答《こた》えました。

年々《ねんねん》、体《からだ》が弱《よわ》くなっていく母。私は改《あらた》めて母に「私を産《う》んでくれて、ありがとう!」と感謝《かんしゃ》を伝《つた》えたいです。

(二〇一九年九月十一日)

じいちゃん万歳《ばんざい》！

大分県大分市
小野　道子（ヘルパー 六十九歳）

この夏《なつ》、九十九歳《さい》の義父《ぎふ》を見送《みおく》りました。

義父は昨年末《さくねんまつ》、誤嚥性肺炎《ごえんせいはいえん》を患《わずら》って入院《にゅういん》しました。医師《いし》からは「お年《とし》ですから……」と言《い》われるも、見事《みごと》な生命力《せいめいりょく》で回復《かいふく》し、年明《としあ》けに退院《たいいん》。

六月《がつ》までデイサービスに通《かよ》っていましたが、食欲《しょくよく》が減《へ》り、ベッドで休《やす》むことが増《ふ》えていきました。

訪問診療《ほうもんしんりょう》や訪問看護《かんご》を受《う》けながらも、用《よう》があると義父から「ママー」と呼《よ》ばれる日々《ひび》。食事《しょくじ》の介助《かいじょ》や、おむつ交換《こうかん》などは、ヘルパーとして働《はたら》いてきた経験《けいけん》が役《やく》に立《た》ちました。

最期《さいご》を迎《むか》える直前《ちょくぜん》には、容体《ようだい》の変化《へんか》に気付《きづ》き、夫《おっと》に義父のひげをそってもらうことに。訪問看護師《かんごし》がわが家《や》に到着《とうちゃく》すると、静《しず》かに息《いき》を引《ひ》き取《と》りました。

葬儀《そうぎ》では、見舞《みま》いに来《き》てくれたひ孫《まご》もお別《わか》れのあいさつを。「ひいじいちゃんが好《す》きだった『滝《たき》の詩《うた》』を皆《みな》で歌《うた》いましょう」と呼《よ》び掛《か》け、全《ぜん》員《いん》で合唱《がっしょう》しました。

私《わたし》は介護休業《かいごきゅうぎょう》を取《と》ってお世話《せわ》してきましたが、こんな素晴《すば》らしい旅立《たびだ》ちを見届《みとど》けられ、悔《く》いはありません。

じいちゃん、万歳《ばんざい》！

（二〇一九年九月十一日）

すぐ行《い》けない時《とき》

東京都目黒区
小林　千恵（保育補助員　五十一歳）

近《ちか》くにある実家《じっか》で、母《はは》の介護《かいご》が始《はじ》まりました。私《わたし》は毎朝《まいあさ》、母と一緒《いっしょ》に朝食《ちょうしょく》を食《た》べて薬《くすり》を飲《の》んでもらい、洗濯《せんたく》と昼《ひる》ご飯《はん》の準備《じゅんび》をしてから仕事《しごと》に行《い》きます。

ところが、母の体《からだ》の調子《ちょうし》が悪《わる》いと、すぐに本人《ほんにん》から電話《でんわ》が掛《か》かってくることが。でも、仕事や家族《かぞく》の用事《ようじ》があると、すぐには行ってあげられません。

私は〝早《はや》く行きたいのに〟と焦《あせ》ってしまう時《とき》、母から聞《き》いた話《はなし》を思《おも》い出《だ》します。

母が若《わか》い頃《ころ》、田舎《いなか》に住《す》むおばあちゃんから「具合《ぐあい》が悪いので、すぐに来《き》てほしい」と電話が掛かってきても、遠《とお》いし電車代《でんしゃだい》もないから、まず回復《かいふく》を祈《いの》ったそうです。すると、おばあちゃんから「具合が良《よ》くなったよ。ありがとう」との電話が。〝祈りは、すごい〟という話です。

私も、すぐに会《あ》いに行けない時は、祈りながら支度《したく》して行くようにしています。おそらく、母も祈りながら待《ま》っているのではないでしょうか。

そんな私たち親子《おやこ》を見守《みまも》ってくれる地域《ちいき》の方々《かたがた》には、感謝《かんしゃ》の思《おも》いでいっぱいです。

（二〇一九年九月十一日）

宝《たから》の思《おも》い出《で》に

京都府宇治市
西川　春美（主婦　五十九歳）

茶畑《ちゃばたけ》で父《ちち》と共《とも》に汗《あせ》を流《なが》しながら働《はたら》き、弟《おとうと》と私《わたし》を育《そだ》ててくれた母《はは》が昨年《さくねん》夏《なつ》、八四年《ねん》の生涯《しょうがい》に幕《まく》を下《お》ろしました。心臓《しんぞう》に病《やまい》を患《わずら》った母は、亡《な》くなる一年半前《はんまえ》から入退院《にゅうたいいん》を繰《く》り返《かえ》すように。病院《びょういん》へ見舞《みま》いに行《い》くと、大好《だいす》きなスイカを「おいしい」と言《い》って食《た》べてくれたのを思《おも》い出《だ》します。

母は施設入所《しせつにゅうしょ》も経験《けいけん》し、最後《さいご》は自宅《じたく》で暮《く》らすことにしました。近《ちか》くに弟が住《す》んでいて、私の家《いえ》は隣町《となりまち》ですが、家族《かぞく》だけで毎日《まいにち》の介護《かいご》は難《むずか》しいと判断《はんだん》。ヘルパーやデイサービスのお世話《せわ》になりました。

でも、母が亡くなると「もっと私にできることはなかったのか」と悩《なや》んだものです。

最後の一年半を振《ふ》り返《かえ》ると、母と過《す》ごした濃密《のうみつ》な時間《じかん》が、かけがえのない宝物《たからもの》になっていると実感《じっかん》。弟と会《あ》う機会《きかい》が増《ふ》え、初《はじ》めて二人《ふたり》で食事《しょくじ》をするなど、いい思い出もあることに気付《きづ》いたのです。

また息子《むすこ》の嫁《よめ》が母の回復《かいふく》を願《ねが》い、千羽鶴《せんばづる》を折《お》ってくれたことも。周囲《しゅうい》の優《やさ》しさに包《つつ》まれた母は、幸《しあわ》せだったに違《ちが》いありません。

これからは、母から受《う》けた〝命《いのち》のバトン〟を、子《こ》や孫《まご》につなげていきたいと思います。

（二〇一九年十月九日）

笑顔《えがお》をお手伝《てつだ》い

東京都足立区
人見　香代子（自営　五十歳）

母《はは》が認知症《にんちしょう》になって一〇年余《ねんあま》りですが、介護《かいご》は施設《しせつ》も利用《りよう》し、父《ちち》と同居《どうきょ》の叔父《おじ》の二人《ふたり》で頑張《がんば》ってくれています。

ところが今年《ことし》、施設を利用できない時期《じき》があり、母の徘徊《はいかい》で夜《よる》も眠《ねむ》れない事態《じたい》に。ついに、父は体調《たいちょう》を崩《くず》してしまいました。家事《かじ》を手伝《てつだ》ってくれる叔父に感謝《かんしゃ》しています。

今《いま》は、再《ふたた》びショートステイも利用できるようになり、私《わたし》は週《しゅう》三、四回《かい》は母の家《いえ》へ。利用している施設への送《おく》り出《だ》しなどを担《にな》っています。

母は、もう私のことを分《わ》からないようですが、好《す》きな音楽《おんがく》を聴《き》くと指《ゆび》でテーブルをたたくしぐさを。まるで、〝エアピアノ〟を弾《ひ》きながら、満面《まんめん》の笑《え》みを見《み》せてくれます。

また、甘《あま》いものが大好《だいす》きな母は、どら焼《や》きやアイスを食《た》べると、思《おも》わずニッコリ。こうした笑顔《えがお》を見ると私はホッとします。

まだまだ続《つづ》く介護。母の〝できないこと〟は増《ふ》えると覚悟《かくご》していますが、両親《りょうしん》が笑顔でいられるように、お手伝いをしていきます。

（二〇一九年十月九日）

元気《げんき》になる目標《もくひょう》

福岡県宇美町
原田　幸子（主婦　六十四歳）

二十歳《はたち》で結婚《けっこん》した私《わたし》は、母《はは》の幼《おさな》い頃《ころ》の話《はなし》をほとんど聞《き》いたことがありませんでした。

父《ちち》の他界後《たかいご》、八十三歳《さい》で車椅子生活《くるまいすせいかつ》となった母は、わが家《や》で同居《どうきょ》することに。親子《おやこ》で語《かた》らう中《なか》で、戦争時代《せんそうじだい》のことや、母の祖父母《そふぼ》が親《おや》の代《か》わりとなって育《そだ》ててくれたことなどを知《し》りました。

やがて母は寝《ね》たきりとなり、特別養護老人《とくべつようごろうじん》ホームに入所《にゅうしょ》。私は、なるべく多《おお》く面会《めんかい》に行《い》くものの、帰《かえ》り道《みち》では「まだ、わが家で見守《みまも》ることができたのではないか」と自責《じせき》の念《ねん》に駆《か》られたのです。

そこで、母の部屋《へや》に小《ちい》さなメッセージボードを置《お》きました。私とスタッフとで、母への思《おも》いや、気《き》になる点《てん》を一言《ひとこと》書《か》くように。施設内《しせつない》のイベント等《とう》の日程《にってい》に合《あ》わせ、母が元気《げんき》になって参加《さんか》することを目指《めざ》す〝目標《もくひょう》〟を共有《きょうゆう》しました。

今年《ことし》九十四歳を迎《むか》えた母は、肺炎《はいえん》や腕《うで》の骨折《こっせつ》を乗《の》り越《こ》え、無言《むごん》でも、朗《ほが》らかに幸福《こうふく》の大道《だいどう》を歩《あゆ》んでいる様子《ようす》。その姿《すがた》には大感動《だいかんどう》です。「生《い》きる」ということを教《おし》えてくれている母。お母《かあ》さん、ありがとうございます！

（二〇一九年十月九日）

母《はは》のまなざし

埼玉県寄居町
橋本　しな子（主婦　七十一歳）

私《わたし》は福島《ふくしま》に生《う》まれ育《そだ》ちましたが、縁《えん》あって若《わか》い頃《ころ》から埼玉《さいたま》の地《ち》で暮《く》らしてきました。

長年《ながねん》、離《はな》れた親《おや》の面倒《めんどう》を見《み》てくれたのは、私たち三姉妹《しまい》の末《すえ》っ子《こ》で、心《こころ》から感謝《かんしゃ》しています。その妹《いもうと》も体《からだ》が弱《よわ》く、五年前《ねんまえ》には母を施設《しせつ》で預《あず》かってもらうことにしました。当初《とうしょ》は、母《はは》から「家《いえ》に帰《かえ》りたい」とばかり言《い》われ、とてもつらく感《かん》じました。妹のことを思《おも》えば、母には諦《あきら》めてもらうしかありませんでした。

遠方《えんぽう》に住《す》む私と次女《じじょ》である妹は、年に数回《すうかい》しか母の所《ところ》へ会《あ》いに行《い》けず、会うたびに認知症《にんちしょう》が進《すす》んでいる様子《ようす》。母は私の顔《かお》も、名前《なまえ》も忘《わす》れていきました。

昨年末《さくねんまつ》に「もう長《なが》くはない」という連絡《れんらく》を受《う》け、急《いそ》いで福島へ。母は最期《さいご》にしっかりと私を見詰《みつ》め、何《なに》か言おうとしていましたが、すでに聞《き》き取《と》れるほどの声《こえ》は出《で》ません。ほほ笑《え》みながら霊山《りょうぜん》へと旅立《たびだ》ちました。最後《さいご》の最後に母は、私を思《おも》い出《だ》してくれたのでしょう。あの時《とき》の母の優《やさ》しい目《め》と笑顔《えがお》が忘れられません。

「母《かあ》ちゃん、ありがとう」――時々《ときどき》、私は心《こころ》の中《なか》で話《はな》し掛《か》けています。

（二〇一九年十月九日）

母《はは》は応《おう》援《えん》団《だん》長《ちょう》

東京都江戸川区
永塚　照代（パート　六十歳）

母《はは》は週《しゅう》三回《かい》ほど通《かよ》っていたデイサービスが大好《だいす》きでした。特《とく》に、皆《みな》さんとの踊《おど》りや、歌《うた》に合《あ》わせて体《からだ》を動《うご》かすことが楽《たの》しかったようで、車椅《くるまい》子《す》に座《すわ》りながら万歳《ばんざい》をしたり、掛《か》け声《ごえ》を発《はっ》したりしていました。

ムードメーカー的《てき》な存在《そんざい》で、周《まわ》りの利用者《りようしゃ》たちを元気《げんき》づけることから、施設《しせつ》では〝応援団長《おうえんだんちょう》〟などと呼《よ》ばれていました。

家《いえ》に帰《かえ》ると「今日《きょう》も楽しかった」と笑顔《えがお》を見《み》せていた母。その母が、今年《ことし》五月《がつ》に転倒《てんとう》で骨折《こっせつ》してしまい、一カ月《げつ》ほど入院《にゅういん》することになりました。退院《たいいん》してからは日《ひ》に日《ひ》に、できないことが増《ふ》え、ケアマネジャーやヘルパーの方々《かたがた》が、一生懸命《いっしょうけんめい》に母のサポートを。私《わたし》は頭《あたま》の下《さ》がる思《おも》いでした。

やがて母は、誰《だれ》にでも「ありがとう」と言《い》うようになりました。すっかり、か細《ぼそ》い声《こえ》に変《か》わっていましたが、その気持《きも》ちは十分《じゅうぶん》、私たちに届《とど》きました。

この夏《なつ》、私が見守《みまも》る中《なか》、眠《ねむ》るようにして穏《おだ》やかに旅立《たびだ》ちました。あっぱれな九七年《ねん》の人生《じんせい》だったと思います。

私を育《そだ》ててくれた母に、今《いま》も感謝《かんしゃ》の気持ちでいっぱいです。

（二〇一九年十月二十三日）

父《ちち》の〝人生劇《じんせいげき》〟

兵庫県尼崎市
清本　久美子（主婦　六十三歳）

昨年《さくねん》八月《がつ》に八十八歳《さい》の父《ちち》が亡《な》くなり、この夏《なつ》は親族一同《しんぞくいちどう》で一周忌法要《いっしゅうきほうよう》を行《おこな》いました。

元気《げんき》だった頃《ころ》の父は手先《てさき》が器用《きよう》で、わが家《や》のベランダや内装《ないそう》などを一人《ひとり》でリフォームしてくれたことも。今《いま》でも、その箇所《かしょ》を見《み》ると父を思《おも》い出《だ》します。

父は、足腰《あしこし》が弱《よわ》って立《た》ち上《あ》がるのも難《むずか》しくなり、徐々《じょじょ》にベッドで寝《ね》ている時間《じかん》が増《ふ》えていきました。

亡くなる八カ月前《げつまえ》には要介護《ようかいご》五の状態《じょうたい》で、介護施設《しせつ》に入所《にゅうしょ》。初《はじ》めは施設に入《はい》るのを嫌《いや》がりました。ただ、父の面倒《めんどう》を見ていた母《はは》も高齢《こうれい》になったので、施設の世話《せわ》になることを選《えら》んだのです。

私《わたし》は週末《しゅうまつ》になると、父の見舞《みま》いに訪《おとず》れました。施設スタッフの方々《かたがた》は、とても優《やさ》しく、父も喜《よろこ》んでいました。いろいろと悩《なや》みましたが、父を施設に預《あず》けてよかったと思《おも》います。

亡くなる一カ月前には父の孫《まご》、ひ孫《まご》たちも訪れ、心温《こころあたた》まるひとときを。最期《さいご》まで、父の素晴《すば》らしい〝人生劇《じんせいげき》〟を見させてもらっているかのようでした。

お父《とう》さん、ありがとうございました！

（二〇一九年十月二十三日）

二人《ふたり》の母《はは》と一〇年《ねん》

島根県松江市
高橋　照子（パート　七十歳）

夫《おっと》と義母《ぎぼ》が快《こころよ》く賛成《さんせい》してくれたのを機《き》に、一五年《ねん》ほど前《まえ》、わが家《や》の隣《となり》に母《はは》が引《ひ》っ越《こ》してきました。

母は、新《あたら》しい環境《かんきょう》にすぐに慣《な》れて、義母とも仲良《なかよ》く一緒《いっしょ》にお茶《ちゃ》を飲《の》んだり、食事《しょくじ》をしたり。デイサービスや会合《かいごう》にも、よく二人《ふたり》で出掛《でか》けていました。

その後《ご》、義母に認知症《にんちしょう》の症状《しょうじょう》が。大《おお》きな病気《びょうき》も見《み》つかり、入退院《にゅうたいいん》を繰《く》り返《かえ》した後《あと》、九十歳《さい》で亡《な》くなりました。

その前から母も足《あし》が不自由《ふじゆう》となり、介護《かいご》が必要《ひつよう》な状態《じょうたい》に。まずは義母を優先《ゆうせん》した私《わたし》は、母に「少《すこ》し待《ま》って」と言《い》うことが多《おお》かったと思《おも》います。母はいつも「いいよ、いいよ」と笑顔《えがお》でうなずき、私を待ってくれました。

義母が他界《たかい》してから四年がたった昨年《さくねん》、母は九十一歳で霊山《りょうぜん》へ旅立《たびだ》ちました。お別《わか》れの日《ひ》の朝《あさ》、空《そら》には見事《みごと》な虹《にじ》が懸《か》かりました。

〝二人の母〟を介護した約《やく》一〇年。いいケアマネジャーと出会《であ》い、どれほど助《たす》けられたことか。夫や、弟《おとうと》家族《かぞく》の支《ささ》えにも感謝《かんしゃ》です。

（二〇一九年十月二十三日）

二五年《ねん》のリハビリ

岐阜県瑞穂市
綿屋　幼子（主婦　七十八歳）

心臓弁膜症《しんぞうべんまくしょう》の手術《しゅじゅつ》を受《う》けた夫《おっと》が、今度《こんど》は脳梗塞《のうこうそく》を発症《はっしょう》して倒《たお》れ、医師《いし》から「今晩《こんばん》が山場《やまば》です」と言《い》われたことがあります。

家族一丸《かぞくいちがん》で夫の回復《かいふく》を祈《いの》り、奇跡的《きせきてき》に命《いのち》は取《と》り留《と》めたものの、右半身《みぎはんしん》まひと失語症《しつごしょう》に。自分《じぶん》で立《た》てなくなり、言いたいことが伝《つた》わらないので暴《あば》れたこともありました。

初《はじ》めは私《わたし》も、自分を情《なさ》けないと思《おも》う日々《ひび》。次第《しだい》に「こうなったのも何《なに》か意味《いみ》があるはずだ」と感《かん》じ、現実《げんじつ》を精《せい》いっぱい受《う》け止《と》めて、病《やまい》と仲良《なかよ》く付《つ》き合《あ》おうと思えるように。それには、夫が変《か》わるのを待《ま》つのではなく、私が変わるしかないと腹《はら》を決《き》めました。

以来《いらい》、夫との〝リハビリの戦《たたか》い〟を開始《かいし》。すると三カ月《げつ》で、つえを頼《たよ》りに歩《ある》けるまでに回復したのです。

あれから二五年《ねん》。毎朝二人《まいあさふたり》で三〇分《ぷん》のリハビリ運動《うんどう》を続《つづ》けています。軽《かる》いスクワットを、夫はベッドに付《つ》けた手《て》すりをつかみながら、私は夫を見守《みまも》りながら。おかげで、夫は八十六歳《さい》の今《いま》も元気《げんき》です。

闘病生活《とうびょうせいかつ》では、わが家《や》の経済革命《けいざいかくめい》もでき、家族の絆《きずな》も一層強《いっそうつよ》まりました。これからも、毎日《まいにち》を楽《たの》しく過《す》ごせるように介護《かいご》します。

（二〇一九年十月二十三日）

両《りょう》親《しん》のおかげで

秋田県横手市
飯田　孝子（主婦　六十三歳）

パーキンソン病《びょう》を患《わずら》った母《はは》は、二三年前《ねんまえ》に他界《たかい》。六十五歳《さい》でした。私《わたし》はその年齢《ねんれい》に近《ちか》づくにつれて、母を思《おも》い出《だ》すことが多《おお》くなりました。実家《じっか》は私の自宅《じたく》から車《くるま》で五分《ふん》の所《ところ》でしたので、結婚後《けっこんご》も母に頼《たよ》ることが。私たち夫婦《ふうふ》は共働《ともばたら》きで、事《こと》あるごとに子《こ》どもを母に預《あず》け、仕事《しごと》に行《い》きました。

当時《とうじ》、母は家事《かじ》もでき、安心《あんしん》して子どもを任《まか》せられる状態《じょうたい》。そんな中《なか》、父《ちち》の紹介《しょうかい》で私が地元《じもと》の病院《びょういん》に転職《てんしょく》し、介護職員《かいごしょくいん》として働《はたら》いた二年目《め》のことです。

母が自宅で転倒《てんとう》して寝《ね》たきり状態となり、私の働く病院に入院《にゅういん》。職場《しょくば》の協力《きょうりょく》もあり、亡《な》くなるまでの三年間《ねんかん》、母の介護も担当《たんとう》させてもらいました。親孝行《おやこうこう》らしいことができて、皆《みな》に感謝《かんしゃ》しています。

母の介護をきっかけに、介護福祉士《ふくしし》の資格《しかく》も取得《しゅとく》。その後《ご》、市《し》の職員として介護分野《ぶんや》で働きました。

私が「介護」という天職《てんしょく》を得《え》られたのは、父母《ふぼ》のおかげ。そのことを忘《わす》れずに携《たずさ》わっていきたいと思《おも》います。

（二〇一九年十月二十三日）

何《なん》でも言《い》える仲《なか》

滋賀県東近江市
西村　明美（パート　六十二歳）

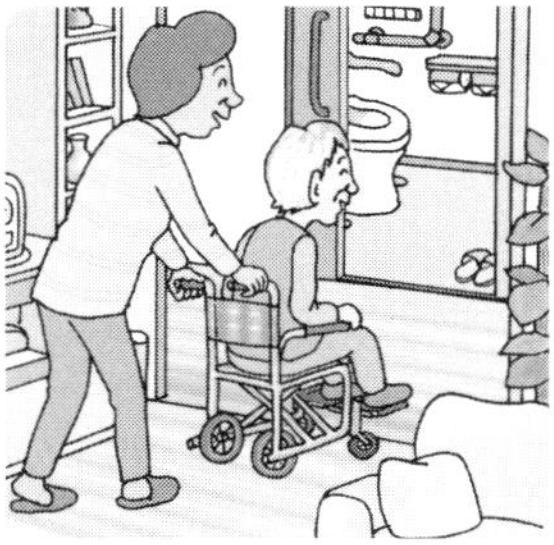

今夏《こんか》、義父《ぎふ》が九十五歳《さい》で霊山《りょうぜん》に旅立《たびだ》ちました。八十歳のころから家庭菜園《かていさいえん》を始《はじ》め、亡《な》くなる二カ月前《げつまえ》まで、熱心《ねっしん》に野《や》菜作《さいづく》りを。収穫《しゅうかく》した野菜は近所《きんじょ》の人《ひと》などに差《さ》し上《あ》げ、とても喜《よろこ》ばれていました。そんな義父ですが、私《わたし》にとっては厳《きび》しくもあり、笑顔《えがお》をほとんど見《み》せない人でした。

　ところが、亡くなる直前《ちょくぜん》、私の息子《むすこ》に義父は「あんたのお母《かあ》さんには、本当《ほんとう》によくしてもらった」と。直接《ちょくせつ》ではなかったのですが、最後《さいご》に感謝《かんしゃ》の気持《きも》ちを伝《つた》えてもらい、私は涙《なみだ》があふれました。

　そして先月《せんげつ》、めでたく百歳を迎《むか》えたのが、義母《ぎぼ》です。国《くに》や県《けん》から記念《きねん》の賞状《しょうじょう》を頂《いただ》くと、義母は喜びながら六歳のひ孫《まご》に自慢《じまん》げに話《はな》していました。一〇年《ねん》前には、糖尿病《とうにょうびょう》を患《わずら》い、入院《にゅういん》したこともあった義母。見事《みごと》な生命力《せいめいりょく》で日《ひ》に日《ひ》に回復《かいふく》し、現在《げんざい》は週《しゅう》二回《かい》のデイサービスを楽《たの》しみに過《す》ごしています。自宅《じたく》では、私たちが義母の車椅子《くるまいす》を押《お》しながら一緒《いっしょ》にトイレ等《とう》に行《い》きますが、身《み》の回《まわ》りのことをなるべく自分《じぶん》で行《おこな》う努力《どりょく》も。食欲《しょくよく》が旺盛《おうせい》で、声《こえ》も大《おお》きく、とても元気《げんき》です。

　長《なが》い間《あいだ》、一緒に暮《く》らしてきて思《おも》うこともありましたが、今《いま》では何《なん》でも言《い》い合《あ》える仲《なか》です。健康《けんこう》な義母に感謝しています。（二〇一九年十一月六日）

励《はげ》ましのおかげ

埼玉県所沢市
永住　眞澄（主婦　六十六歳）

二年半前《ねんはんまえ》、夫《おっと》が心原性脳梗塞《しんげんせいのうこうそく》で倒《たお》れて半年《はんとし》ほど入院《にゅういん》した後《のち》、在宅介護《ざいたくかいご》となりました。同《おな》じ頃《ころ》、私《わたし》も軽《かる》い脳出血《のうしゅっけつ》などを発症《はっしょう》し、子《こ》どもや周囲《しゅうい》の方《かた》に心配《しんぱい》されましたが、夫との二人暮《ふたりぐ》らしなので「私が頑張《がんば》るしかない」と決意《けつい》しました。

しかし、高次脳機能障害《こうじのうきのうしょうがい》、失語症《しつごしょう》、左半身《ひだりはんしん》まひの夫は、デイサービスや通所《つうしょ》リハビリ等《とう》の利用《りよう》を拒否《きょひ》。ケアマネジャーもお手上《てあ》げ状態《じょうたい》で、仕《し》方《かた》なく、訪問《ほうもん》でリハビリやマッサージ、入浴《にゅうよく》などを行《おこな》うケアプランを考《かんが》えてくれました。

私は似《に》た状況《じょうきょう》の人《ひと》のアドバイスなども参考《さんこう》に、言語訓練《げんごくんれん》ができるタブレット端末《たんまつ》を購入《こうにゅう》しました。夫と一緒《いっしょ》に言葉《ことば》を発《はっ》する練習《れんしゅう》をしています。夫は突然《とつぜん》、けいれんや発作《ほっさ》を起《お》こして意識《いしき》が無《な》くなることがあるので、私が長時間《ちょうじかん》、外出《がいしゅつ》する際《さい》は、娘《むすめ》か息子《むすこ》が留守番《るすばん》に来《き》てくれて助《たす》かっています。また、夫の友人《ゆうじん》や地域《ちいき》の方が見舞《みま》いに訪《おとず》れた際など、楽《たの》しい時《とき》を過《す》ごすと脳《のう》への刺激《しげき》になるようです。

私の友人も心配して声《こえ》を掛《か》けてくれます。安心《あんしん》して介護ができるのは、家族《かぞく》をはじめ、多《おお》くの方の励《はげ》ましのおかげと、感謝《かんしゃ》の気持《きも》ちでいっぱいです。

（二〇一九年十一月六日）

幸《しあわ》せそうだから

東京都葛飾区
岡村　幸子（五十六歳）

四年前《ねんまえ》まで自転車《じてんしゃ》に乗《の》っていた父《ちち》が、食道《しょくどう》がんを患《わずら》い、腸《ちょう》からの経管《けいかん》栄養《えいよう》に。私《わたし》の介護生活《かいごせいかつ》が始《はじ》まりました。

現在《げんざい》、父は八十八歳《さい》、母《はは》は八十七歳、近所《きんじょ》に住《す》む伯母《おば》は九十四歳。母と伯母は認知症《にんちしょう》で、私は三人《にん》の面倒《めんどう》を見《み》ています。

父の在宅《ざいたく》介護が始まると、私が行《おこな》う必要《ひつよう》のある〝医療的《いりょうてき》ケア〟が多《おお》く、最初《さいしょ》は「看護師《かんごし》でもない私が、何《なん》で、こんなことまでしないといけないの？」と思《おも》いました。

そして、「私が面倒を見るよりも、施設《しせつ》か病院《びょういん》に入《はい》ってもらった方《ほう》が、父のためになるのでは……」と考《かんが》えたこともあります。

でも今《いま》は、家《いえ》で飲《の》んだり、食《た》べたりできる父が幸《しあわ》せそうなので、私もうれしいです。

同時《どうじ》に三人の介護は大変《たいへん》ですが、ケアマネジャーやヘルパー、訪問《ほうもん》看護師、訪問入浴《にゅうよく》のスタッフ、往診《おうしん》の医師《いし》など、多くの方《かた》に応援《おうえん》してもらっています。

母と伯母は、週《しゅう》に数回通《すうかいかよ》うデイサービスが楽《たの》しいようです。

私も友人《ゆうじん》と気分転換《きぶんてんかん》をしながら、これからも介護生活を続《つづ》けていきたいと思います。

（二〇一九年十一月六日）

まだまだ大丈夫《だいじょうぶ》

東京都江東区
北澤　紀子（主婦　七十五歳）

九十八歳《さい》になった今年《ことし》まで、一人暮《ひとりぐ》らしをしていた義母《ぎぼ》。昼《ひる》はヘルパーの支援《しえん》を受《う》けて生活《せいかつ》し、夕食《ゆうしょく》は私《わたし》が通《かよ》って作《つく》りました。昨年《さくねん》からショートステイを利用《りよう》するようになり、生活の場《ば》が自宅《じたく》と施《し》設《せつ》で二週間《しゅうかん》ごとに変《か》わりました。

義母は、施設に行《い》く時間《じかん》になると、迎《むか》えに来《き》たスタッフに対《たい》し、ニコニコと頭《あたま》を下《さ》げて「お世話《せわ》さまー」と。

家《いえ》に居《い》る時《とき》は、私が義母の薬《くすり》を「朝《あさ》、昼、夕《ゆう》、寝《ね》る前《まえ》」と分《わ》け、「忘《わす》れずに飲《の》んでね」と伝《つた》えていました。

今年春《はる》ごろ、義母は急《きゅう》に体調《たいちょう》が悪《わる》くなり、大腸《だいちょう》がんの手術《しゅじゅつ》を受けることに。でも、周《まわ》りの心配《しんぱい》をよそに、すっかり元気《げんき》を取《と》り戻《もど》し、夏《なつ》からは老人《ろうじん》ホームで暮《く》らしています。

私たちが会《あ》いに行くと、義母は「皆《みな》さんが親切《しんせつ》にしてくれるし、食事《しょくじ》もおいしい」と。「おすしが食《た》べたい」と言《い》われたので持《も》って行《い》くと、うれしそうに食べてくれました。

時折《ときおり》、「あとどのくらい生《い》きられるかな」とつぶやく義母に、私は「まだまだ大丈夫《だいじょうぶ》。百歳を過《す》ぎても、元気に使命《しめい》を果《は》たそうね」と言います。いつまでも長生《ながい》きしてね。


（二〇一九年十一月十三日）

生《い》きる意欲《いよく》に

福岡県大牟田市
村上　嘉志子（八十九歳）

六三年《ねん》、連《つ》れ添《そ》った夫《おっと》が老衰《ろうすい》で亡《な》くなるまでの約半年《やくはんとし》、私《わたし》は家《いえ》で面倒《めんどう》を見《み》て、本人《ほんにん》の希望通《きぼうどお》り、自宅《じたく》で〝人生《じんせい》の最終章《さいしゅうしょう》〟を迎《むか》えさせてあげました。

もう三年たちますが今《いま》も毎日《まいにち》、夫が一緒《いっしょ》にいるように感《かん》じます。

老衰で食欲《しょくよく》がなくなり、点滴《てんてき》と、軟《やわ》らかいものを少《すこ》し食《た》べるだけになった夫。徐々《じょじょ》に、痩《や》せて体力《たいりょく》もなくなりましたが、旅立《たびだ》つ二日前《ふつかまえ》までトイレは歩《ある》いて行《い》っていました。

私は夫から目《め》を離《はな》さないことを心掛《こころが》け、腰《こし》に痛《いた》みがあるものの、夜中《よなか》でもトイレに付《つ》き添《そ》ったりしました。最後《さいご》まで頑張《がんば》ることができたので、悔《く》いはありません。

夫は、たまに来《き》てくれる娘《むすめ》と三歳《さい》の孫《まご》に会《あ》えると、とても元気《げんき》になりました。そこで私は、夫の生《い》きる意欲《いよく》につながればと思《おも》い、孫たちが来《く》る日《ひ》を伝《つた》えることに。夫は耳《みみ》が遠《とお》かったため、紙《かみ》に書《か》いて伝えたこともありました。

「つらい」「痛い」と言ったこともなく、周囲《しゅうい》からの励《はげ》ましには感謝《かんしゃ》の思いを忘《わす》れなかった夫。素晴《すば》らしい生《い》き方《かた》を教《おそ》わった私は、「ありがとう」と夫に伝えたいです。

（二〇一九年十一月十三日）

母《はは》の笑《え》顔《がお》を思《おも》う

千葉県船橋市
野中　幸子（八十七歳）

六人《にん》の子《こ》を育《そだ》てた母《はは》が、数年前《すうねんまえ》に百六歳《さい》で旅立《たびだ》ちました。八十八歳の時《とき》に脳梗塞《のうこうそく》を患《わずら》い、左《ひだり》の手足《てあし》がまひし、声《こえ》も出《で》にくくなりました。

そこで夜寝《よるね》る時は、私《わたし》と母の手首《てくび》をひもでつないで鈴《すず》を付《つ》け、母が引《ひ》っ張《ぱ》ると、眠《ねむ》っている私を起《お》こせるように。目《め》を覚《さ》ますと、母のホッとした笑顔《えがお》を何度《なんど》も見《み》ました。きっと不安《ふあん》で眠れなかったのでしょう。

母はリハビリを重《かさ》ねて、車椅子《くるまいす》に何《なん》とか移動《いどう》できるようになりました。ただ、かむ力《ちから》が弱《よわ》まり、食材《しょくざい》を細《こま》かくして、とろみを付けた食事《しょくじ》が必要《ひつよう》に。自宅《じたく》での介護《かいご》は困難《こんなん》となり、施設《しせつ》に預《あず》けました。

毎晩《まいばん》、弟《おとうと》と一緒《いっしょ》に母を見舞《みま》い、三人で発声練習《はっせいれんしゅう》も。曲《きょく》の歌詞《かし》をノートに書《か》いて、母が昼間《ひるま》も一人《ひとり》で練習できるようにしました。

すると母は、会話《かいわ》はままならなくても、歌《うた》を口《くち》ずさむようになったのです。

百歳の誕生日《たんじょうび》は親族《しんぞく》が集《あつ》まって祝福《しゅくふく》。嫁入《よめい》りの時の懐《なつ》かしい着物《きもの》を着《き》せてもらい、大喜《おおよろこ》びする母の笑顔が忘《わす》れられません。

（二〇一九年十一月十三日）

家《いえ》に帰《かえ》りたい

浜松市西区
小関　こずえ（パート　五十六歳）

昨春《さくしゅん》、父《ちち》は娘《むすめ》である妹《いもうと》と私《わたし》に看取《みと》られた。七十代《だい》に何度《なんど》も大《おお》きな手術《しゅじゅつ》を受《う》けた父。術後《じゅつご》は麻酔《ますい》から覚《さ》めると、私に「お母《かあ》さんの所《ところ》へ帰《かえ》っていいぞ。ちゃんと食《た》べさせてやって」と、いつも母《はは》のことを気《き》にしていた。自分《じぶん》の痛《いた》みは二《に》の次《つぎ》。強《つよ》くて優《やさ》しい父だった。

しかし、脳梗塞《のうこうそく》を起《お》こすと、家《いえ》には二度《にど》と戻《もど》れなくなった。帰りたい一心《いっしん》で胃《い》ろうを付《つ》け、口《くち》から二年近く食べられなかった。足腰《あしこし》の弱《よわ》った母は、父を頻繁《ひんぱん》に見舞《みま》えず、家で祈《いの》り待《ま》っていた。たまに会《あ》えた時《とき》は「これが最後《さいご》になるかも」と、お互《たが》い覚悟《かくご》しているかのように手《て》を握《にぎ》り合《あ》っていた。

昨秋《さくしゅう》、母は軽《かる》い脳梗塞を起こしたが、リハビリに励《はげ》み、今年《ことし》五月《がつ》に退院《たいいん》。父の夢《ゆめ》だった〝家に帰ること〟を、母はかなえた。

その母を妹は親身《しんみ》になって世話《せわ》している。本当《ほんとう》に頭《あたま》の下《さ》がる思《おも》いである。母は「ありがとう」「すまないね」とよく言《い》うそうだ。

たまに会える孫やひ孫と話《はな》している時の母は、とてもうれしそう。二人のこれからを一日《にち》でも長《なが》く見守《みまも》ってほしいと願《ねが》う。

何《なに》より、まだ妹や私のそばにいてほしい。

（二〇一九年十一月十三日）

家族《か》《ぞく》は心《こころ》のケア

東京都西東京市
津田　洋子（主婦　六十六歳）

二〇年《ねん》ほど前《まえ》に義父《ぎふ》が亡《な》くなり、わが家《や》から〝スープの冷《さ》めない距離《きょり》〟で、一人暮《ひとりぐ》らしをしていた義母《ぎぼ》が認知症《にんちしょう》になりました。九十歳近《さいちか》くになっても人《ひと》と会《あ》い、人に尽《つ》くしていた義母。認知症となり、施設《しせつ》に入《はい》ってもらうかどうかを夫《おっと》と共《とも》に悩《なや》みました。そして「昼《ひる》も夜《よる》も、安心《あんしん》できる所《ところ》が最適《さいてき》だろう」と思《おも》い、施設のお世話《せわ》になることにしました。

　入所後《にゅうしょご》、夫と会いに行《い》くと「うれしい！　今日《きょう》、来《く》るとは夢《ゆめ》にも思わなかった」と喜《よろこ》ぶ義母。「ここは良《よ》い所よ。夜も安心で、食事《しょくじ》もおいしく、いい人ばかり」と満面《まんめん》の笑《え》みで迎《むか》えてくれました。

　施設では、積極的《せっきょくてき》に食事の支度《したく》を手伝《てつだ》い、洗濯物《せんたくもの》を畳《たた》んだりしていて、スタッフからも感謝《かんしゃ》されていました。

　施設で三年半《はん》お世話になり、九十三歳で安《やす》らかに亡くなりました。

　私《わたし》たち夫婦《ふうふ》は「家族《かぞく》の担当《たんとう》は心《こころ》のケア」との思いで、義母と食事や散歩《さんぽ》、ドライブ等《とう》を楽《たの》しみ、たくさんの思《おも》い出《で》をつくりました。

　残《のこ》された写真《しゃしん》は義母の笑顔《えがお》ばかり。人生《じんせい》のお手本《てほん》をありがとう。

（二〇一九年十一月十三日）

夫《おっと》の助《たす》けに感謝《かんしゃ》

埼玉県川口市
安倍　あけみ（主婦　六十二歳）

父《ちち》が若《わか》い頃《ころ》に亡《な》くなり、苦労《くろう》の連続《れんぞく》だった母《はは》が今月《こんげつ》、百歳《さい》を迎《むか》えました。

私《わたし》の結婚後《けっこんご》、趣味《しゅみ》の活動《かつどう》が活発《かっぱつ》になった母は、一〇年前《ねんまえ》に通《かよ》い始《はじ》めたデイサービスでも、皆《みな》さんとのカラオケが楽《たの》しみでした。

ところが二年前に転倒《てんとう》し、骨折《こっせつ》。入院先《にゅういんさき》の医師《いし》から「この年齢《ねんれい》での入院は、認知症《にんちしょう》になることもあります」と言《い》われたのです。

そこで夫《おっと》は、病院《びょういん》に許可《きょか》をもらい、母の病室《びょうしつ》にラジオを持《も》ち込《こ》むことに。母にはラジオを聴《き》く習慣《しゅうかん》があったので、イヤホンで聴いてもらいました。

おかげで母は認知症にならず退院《たいいん》。要介護《ようかいご》5と認定《にんてい》され、車椅子生活《くるまいすせいかつ》が始まりました。

その後《ご》、在宅《ざいたく》介護がつらくて施設《しせつ》に預《あず》けたいと思《おも》った時《とき》もありますが、いつも夫が助《たす》けてくれます。母の通院《つういん》では、車椅子に座《すわ》ったまま乗《の》れる福祉車両《ふくししゃりょう》を借《か》り、送迎《そうげい》を手伝《てつだ》ってくれています。

母はデイサービスに加《くわ》え、以前《いぜん》は嫌《いや》がっていたショートステイも利用《りよう》してくれるようになりました。これからも、笑顔《えがお》で見守《みまも》りたいと思います。

（二〇一九年十一月二十七日）

「ありがとう」

東京都大田区
川上　尚子（自営　五十四歳）

わが家《や》の介護《かいご》は突然《とつぜん》やってきました。
昨年《さくねん》十一月、インフルエンザの予防接種《よぼうせっしゅ》を受《う》けて帰宅《きたく》した義母《ぎぼ》が、玄《げん》関《かん》で転《ころ》んでしまい、腰《こし》を骨折《こっせつ》。車椅子《くるまいす》での生活《せいかつ》となったのです。
同居《どうきょ》の私《わたし》にとって、初《はじ》めての介護。最初《さいしょ》に苦労《くろう》したのは、義母を車椅子から便座《べんざ》に移乗《いじょう》させることで、上達《じょうたつ》するまでに時間《じかん》がかかりました。

そんな私の介助《かいじょ》が、うまくできた時《とき》も、そうでない時も、義母は優《やさ》しく「ありがとう」と言《い》ってくれたことが忘《わす》れられません。

当時《とうじ》は、長男《ちょうなん》が高校受験《こうこうじゅけん》、長女《ちょうじょ》が中学校《ちゅうがっこう》への入学《にゅうがく》を間《ま》もなく迎《むか》える時《じ》期《き》でした。ケアマネジャーは私たち家族《かぞく》を心配《しんぱい》し、義母が末期《まっき》のがんも患《わずら》っていたことを踏《ふ》まえ、家《いえ》での介護ではなく入院《にゅういん》を勧《すす》めてくれました。

そして、年《とし》が明《あ》けた今年《ことし》一月、義母は安《やす》らかに旅立《たびだ》ったのです。

数カ月後《すうげつご》、気付《きづ》いたことがあります。義母の言葉《ことば》に〝元気《げんき》〟をもらっていたのは、私の方《ほう》だったと——。

約《やく》二週間《しゅうかん》の在宅《ざいたく》介護でしたが、たくさんの「ありがとう」を、本当《ほんとう》にありがとうございました。

（二〇一九年十一月二十七日）

笑顔《えがお》の介護《かいご》を

札幌市中央区
川村　浩美（主婦　五十九歳）

自宅《じたく》で転《ころ》ぶことが多《おお》くなった母《はは》と、アルツハイマー型《がた》の認知症《にんちしょう》であると診断《しんだん》された父《ちち》。二人《ふたり》での生活《せいかつ》が困難《こんなん》となり、私《わたし》が同居《どうきょ》で介護《かいご》して五年《ねん》が経過《けいか》。父は八十七歳《さい》、母は八十六歳になりました。

子育《こそだ》ての五年間《ねんかん》は、だんだん相手《あいて》が何《なん》でもできるようになりますが、介護の五年間は逆《ぎゃく》で、だんだんできなくなり、手《て》も掛《か》かるようになりました。

でも、今《いま》まで介護を続《つづ》けてこられたのは、今夏《こんか》、霊山《りょうぜん》に旅立《たびだ》った義母《ぎぼ》が「笑顔《えがお》の介護をしてあげてね」と励《はげ》ましてくれたから。義母は、私が介護する間《ま》もなく他界《たかい》しましたが、この言葉《ことば》に励まされ続けています。

介護生活では、介護をする側《がわ》も、される側も、時《とき》にはお互《たが》いに、うまくいかないことがあるもの。でも、そんな時こそ「ごめんね」「すみません」と謝《あやま》るのではなく、「いつも笑顔でありがとう」と伝《つた》えたい。この言葉が一番《いちばん》すてきです。

そんな私は、両親《りょうしん》に「感謝《かんしゃ》は長生《ながい》きで返《かえ》してね」とも。これが、〝わが家流《やりゅう》の介護〟となっています。


（二〇一九年十一月二十七日）

少《すこ》しのお手伝《てつだ》い

神奈川県厚木市
澄田　義廣（六十九歳）

今年《ことし》から、私《わたし》はデイサービスに通《かよ》うことになりました。パーキンソン病《びょう》と脳梗塞《のうこうそく》を発症《はっしょう》し、要介護《ようかいご》2です。

デイサービスでは、私より重度《じゅうど》の方《かた》が何人《なんにん》もいました。その中《なか》にカラオケの時間《じかん》になると、職員《しょくいん》が連《つ》れてくる車椅子《くるまいす》の方がいます。

その方は自分《じぶん》でマイクを持《も》てず、しっかりと発音《はつおん》もできません。ただ、職員がマイクを口《くち》に近《ちか》づけると、歌《うた》い始《はじ》めるのです。

その光景《こうけい》を何回《なんかい》か見《み》ているうち、私も何《なに》か手伝《てつだ》えないかと思《おも》うようになりました。

ある日《ひ》、職員が忙《いそが》しくてその方に付《つ》き添《そ》えない状況《じょうきょう》となり、私がマイクを持ってあげることに。すると会話《かいわ》はできなくても、私の話《はなし》は理解《りかい》していることが分《わ》かったのです。

さらにお互《たが》いの目《め》と目が合《あ》い、私に「ありがとう」と言《い》っていることも感《かん》じました。

ほんの少《すこ》しのお手伝いで、とても朗《ほが》らかになった瞬間《しゅんかん》です。

私もいつか、車椅子での生活《せいかつ》になるかもしれません。その時《とき》は、周囲《しゅうい》に感謝《かんしゃ》の気持《きも》ちを伝《つた》えたいと思います。

（二〇一九年十一月二十七日）

苦労《くろう》した記憶《きおく》も

福岡市西区
宮﨑　節（保育士　五十二歳）

姑《しゅうとめ》が、施設《しせつ》で暮《く》らし始《はじ》めて六年目《ねんめ》。「お母《かあ》さまが部屋《へや》で転《ころ》んで、救急車《きゅうきゅうしゃ》で病院《びょういん》に運《はこ》ばれました」という電話《でんわ》があり、慌《あわ》てて病院へ。大腿骨《だいたいこつ》の骨折《こっせつ》で手術《しゅじゅつ》となりました。

日頃《ひごろ》は施設の職員《しょくいん》に感謝《かんしゃ》していても、このような現場《げんば》になると、「原因《げんいん》は？」「施設はどうだったの？」という気持《きも》ちがよぎります。それを忘《わす》れるくらい懸命《けんめい》に姑を見舞《みま》い、励《はげ》まし続《つづ》けました。

本人《ほんにん》の頑張《がんば》りと、周《まわ》りの方々《かたがた》に支《ささ》えられ、歩行器《ほこうき》で歩《ある》けるまでに回復《かいふく》しました。

主治医《しゅじい》からは「年《とし》を取《と》ると、いつ骨折するか分《わ》からず、認知症《にんちしょう》も治《なお》りません。ありのままのお母さまを受《う》け入《い》れていきましょう」と言《い》われ、私《わたし》の気持ちが大《おお》きく変《か》わりました。

姑は、私の夫《おっと》である長男《ちょうなん》が事故《じこ》に遭《あ》って障《しょう》がい者《しゃ》となり、長年《ながねん》、車椅《くるまい》子《す》生活《せいかつ》を支えてきました。認知症が進《すす》むと、その苦労《くろう》した記憶《きおく》も忘れるので、姑にはいいようです。

近頃《ちかごろ》は病室《びょうしつ》へ見舞《みま》いに行《い》くと、調子《ちょうし》の良《よ》い時《とき》は「みさおちゃん」と名《な》前《まえ》で呼《よ》んでくれます。良くない時は「あらー」と驚《おどろ》くだけ。それが、バロメーターになっています。

（二〇一九年十一月二十七日）

おわりに

カウンセラー・エッセイスト　羽成《はなり》幸子

もう一〇年《ねん》以《い》上《じょう》も前《まえ》になりますが、聖教新聞《せいきょうしんぶん》の連載《れんさい》「ほがらか介護《かいご》」を担当《たんとう》し、待望《たいぼう》の第《だい》一回《かい》「介護」のページでも、「わが家流《やりゅう》の見《み》つけ方《かた》」についてアドバイスさせていただいたことを懐《なつ》かしく思《おも》い出《だ》します。

今回《こんかい》、私《わたし》も一〇〇人《にん》の方々《かたがた》の介護体験記《たいけんき》を読《よ》ませていただきました。心《こころ》に浮《う》かんだのは、お一人《ひとり》お一人の〝笑顔《えがお》〟。お会《あ》いしたことがないのに、書《か》かれた方の笑顔が見えたのです。不思議《ふしぎ》ですね。きっと、介護者《しゃ》同士《どうし》だからこそ、気持《きも》ちが分《わ》かる。同感《どうかん》できる。苦《くる》しみや悩《なや》みを、当《あ》たり前《まえ》のように共有《きょうゆう》できるからなのでしょう。

泣《な》いて、笑《わら》って、怒《おこ》ってを繰《く》り返《かえ》すうちに、自分自身《じぶんじしん》が成長《せいちょう》していく。そんな要素《ようそ》を持《も》っているのが、介護なのかもしれません。究極《きゅうきょく》の修行《しゅぎょう》と言《い》っても、過言《かごん》ではないと思《おも》います。そのご褒美《ほうび》が、最高《さいこう》の笑顔——。私に見えたのは、そういう笑顔だったのです。

現在《げんざい》、私は糖尿病《とうにょうびょう》の夫《おっと》を介護中《ちゅう》です。夫は今年《ことし》七十七歳《さい》。私は七十一歳。言うなれば、老老《ろうろう》介護です。といっても、夫の病歴《びょうれき》は四四年。長《なが》い闘《たたか》いの日々《ひび》。でも、その闘いがあったからこそ、今《いま》がある。私は、病気《びょうき》した夫のおかげで、健康《けんこう》を維持《いじ》できたと感謝《かんしゃ》しています。

なぜなら、糖尿病食《しょく》は、健康食だから。病《やまい》と上手《じょうず》に付《つ》き合《あ》いながら、楽《たの》しく、機嫌《きげん》良《よ》く生《い》きる。夫の若《わか》い頃《ころ》は、食事《しょくじ》のカロリーに気《き》を使《つか》い、夫が好《す》きな酒瓶《さかびん》に、そっと水《みず》を足《た》したり、甘《あま》いものを口《くち》にする夫には、「カロリーオーバー！」と怒鳴《どな》ったりしていました。

夫は四十歳の時《とき》、過労《かろう》で入院《にゅういん》。やがて、離職《りしょく》。当時《とうじ》、わが家には三歳、五歳、七歳、九歳の子《こ》どもがいました。看護《かんご》と子育《こそだ》て。それでも、介護とは異《こと》なり、未来《みらい》への希望《きぼう》の光《ひかり》は消《き》えていませんでした。

思えば、私は介護に、とても縁《えん》のある人生《じんせい》でした。

十九歳の時に、認知症《にんちしょう》の祖父《そふ》の介護に関《かか》わり、その後《ご》は半身不随《はんしんふずい》から寝《ね》たきり、認知症になった祖母《そぼ》も。以前《いぜん》から、入退院《にゅうたいいん》を繰り返していた病弱《びょうじゃく》の父《ちち》は、身体障《しんたいしょう》がい者《しゃ》。結婚後《けっこんご》、同居《どうきょ》と介護が同時《どうじ》に始《はじ》まった義母《ぎぼ》。義母の介護中に、母《はは》ががんを患《わずら》ったのです。

そして、同時進行《しんこう》で夫のケア。常《つね》に〝掛《か》け持《も》ち介護〟をしていました。今振《ふ》り返って、私が潰《つぶ》れずに生きてこられたのは、何《なに》が支《ささ》えだったのだろうかを考《かんが》えると、それは「私の人生の主人公《しゅじんこう》は、私」という思いだったことを改《あらた》めて、強《つよ》く感《かん》じます。

私は、介護だけするために生《う》まれてきたのではない。一番大切《いちばんたいせつ》なのは私自身《じしん》。その思いが、私の心と体《からだ》を守《まも》ってくれたと思えるのです。私が元気《げんき》でいなくては、相手《あいて》を支えられない。私が元気でいるために、自分《じぶん》が望《のぞ》むことを、ためらわずに受《う》け入《い》れていく。

夫が仕事《しごと》を辞《や》めた時、私は「子守《こもり》をしてくれる人《ひと》ができた」と思い、通信制《つうしんせい》の大学《だいがく》で教育学《きょういくがく》を学《まな》び始めました。学歴《がくれき》よりも学習歴《がくしゅうれき》と考え、亀《かめ》のように、のろのろと学びました。さらに、下《した》の娘《むすめ》が二十歳《はたち》になると別《べつ》の大学にも入《はい》り、哲学《てつがく》を専攻《せんこう》。三五年間《ねんかん》、私は学生《がくせい》でもあったのです。どちらも卒業《そつぎょう》できずに退学《たいがく》ですが、学習歴は私の宝物《たからもの》になりました。

介護と自分の人生は、同時進行です。時には、自分の時間《じかん》が全《すべ》て介護に取《と》られることもありますが、意識《いしき》だけでも、「私の人生の主人公は、私」と。そうすることで、介護される人を恨《うら》まずに済《す》みます。

私は介護のおかげで、時間の価値《かち》を知《し》りました。自由《じゆう》は、束縛《そくばく》の中《なか》でこそ光《ひか》る。それは、心楽しいことでもあります。束縛の中の自由には、豊《ゆた》かな創造《そうぞう》と想像《そうぞう》があります。何かを創《つく》り出《だ》し、何かに思いを巡《めぐ》らす。うきうきしてきます。イライラを、うきうきに変《か》えましょう。

ここで例《れい》を一つ。尾籠《びろう》な話《はなし》ですが、介護の役《やく》に立《た》つと思いますので。実《じつ》は、夫がトイレで排尿《はいにょう》の際《さい》、最後《さいご》の尿の数滴《すうてき》が、足元《あしもと》に落《お》ちるようになりました。これも〝老《お》いの一つ〟と割《わ》り切《き》っていましたが、次《つぎ》に使う人にとって、あまり心地《ここち》よくない。そこで、夫には、便座《べんざ》に腰掛《こしか》けて用《よう》を足してほしいと頼《たの》みましたが、「それでは出《で》ない」と却下《きゃっか》。見えるように「一歩《ぽ》前に出ましょう」と張《は》り紙《がみ》をしても、効果《こうか》がありません。

そこで私のひらめきが。〝尿たれキャッチマット〟なるものを作《つく》ろう。試行錯誤《しこうさくご》して試作品《しさくひん》を作るうちに、色合《いろあ》い、肌触《はだざわ》り、デザインが向上《こうじょう》。まさに私は〝尿たれキャッチマット〟のデザイナー。便器《べんき》の形《かたち》に合《あ》わせ、夫に立ってほしい所《ところ》は足型《あしがた》に。尿が落ちても、足《あし》を乗《の》せる所はぬれない。これは、夫にも、家族《かぞく》にもセーフ。かくて、わが家の物干《ものほ》し場《ば》には毎日《まいにち》、二、三枚《まい》の不思議なマットが風《かぜ》に揺《ゆ》らいでいるのです。

ところで、現在の夫の〝介護メニュー〟は、食事の用意《ようい》、散歩《さんぽ》、通院《つういん》の付《つ》き添《そ》い、服薬《ふくやく》の管理《かんり》など。病気のせいか時々《ときどき》、幻覚《げんかく》が。「人がいる」と言うので、私が「何人《なん》?」と聞《き》くと「三人」などと。「にらめっこすればば」と促《うなが》すと、「アップップ」と乗ってくる。「どう?」と聞けば「うん、笑った」と夫のしたり顔《がお》。時には「勝《か》ったわよ」と、夜中《よなか》に二人《ふたり》で大笑《おおわら》い。ついでに、窓《まど》を開《あ》けて、月《つき》を見る。「きれいねー」。真夜中《まよなか》の月《つき》見《み》も悪《わる》くない。

ただ今《いま》、六人目《め》の介護をしている私です。孫娘《まごむすめ》、娘、嫁《よめ》、妻《つま》を卒業し、一人の人間《にんげん》として、夫と向《む》き合《あ》っています。できることなら、生まれた順《じゅん》に旅立《たびだ》つのが幸《しあわ》せなことだと思っています。今の私の役割《やくわり》は、元気に夫を送《おく》ること。そのために、自分を大事《だいじ》にすること。そして、なにより、今を大切に生きることです。

思いがけず、一〇〇人の皆《みな》さまの笑顔に出会《であ》えたことに感謝して。

二〇二〇年皐月《さつき》

◎本書は「聖教新聞」連載企画「こころの絆」（二〇一九年一月九日から十一月二七日まで）に収録された記事を再編集したものです。

◎本書の時系列は掲載当時のものです。

◎投稿者の意向を尊重し、原文の表現をそのまま使用している箇所もございますことをご了承ください。